9つの悪魔に支配された韓国経済の悲劇

法政大学大学院教授
真壁昭夫

白秋社

まえがき——不可思議な隣人と朝鮮半島の地下茎を知る

本書を書こうとした理由は、日本の隣人たる韓国という国について、私たちが正確な知識を持っていないからだ。最近、わが国と韓国の関係はかなり悪化していることもあり、両国民のあいだでは、反韓・反日感情が顕著になっている。

ただ冷静に考えてみると、私たちはあまり韓国のことについて知らないのが実情だ。そのため、どうしても両国民のあいだの関係が感情的になってしまう。そこで韓国に関する知識を整理しておきたいと思ったことが、本書を書き始めたきっかけだ。

ところで、本書を脱稿しようとしていた二〇二〇年春、ショッキングな記事を「文藝春秋」(二〇二〇年五月号)で目にすることとなった。北朝鮮の朝鮮労働党三九号室(金《キム》一族の秘密資金管理機関)で幹部を務めた李正浩《リジョンホ》氏の寄稿だ。李氏は金日成《キムイルソン》主席から現在の金正恩《キムジョンウン》朝鮮労働党委員長までの指導者三代にわたり、三〇年間、高位の幹部として仕えてきたという。

李氏は貿易会社の総社長も務め、日本にマツタケやベニズワイガニを輸出した功績が認められて、二〇〇二年には当時の金正日《キムジョンイル》総書記から「労力英雄の称号」を与えられたという。さらに金総書記からは、「ジョンホは首相より仕事ができる」とまで褒められたと書かれている。

李氏は、その後、金正恩氏が自分の叔父に当たる張成沢《チャンソンテク》氏ら多くの幹部を残忍な方法で処刑したことに衝撃を受け、二〇一四年に韓国に亡命、二〇二〇年現在は米国政府の諮《し》問《もん》役を務めているという。

一方、私が衝撃を受けたのは、「韓国は、金大中《キムデジュン》政権から続く盧武鉉《ノムヒョン》政権まで、北朝鮮に約三九億ドル（約四二九〇億円）もの秘密資金を提供していた」という告白だった。北朝鮮は、この金を使って、核やミサイルの開発を推進していたというのである。

韓国と北朝鮮のあいだには、同一民族であるということ以外にも、私たち日本人にはまったく理解不能な「暗黒の地下茎」ともいうべき特殊なファクターが存在しているようだ。筆者は経済学の専門家ではあるが、そうした闇に光を当てない限り、韓国の特異な経済構造を解明することは極《きわ》めて困難であると考えた。そのため三章分を充てて、韓国の戦後史と左派政治家の行動原理、そして民族のなかに根づく「恨《ハン》」の心理などについても解説していく。

二〇二〇年の春以降、新型コロナウイルスの感染拡大が韓国の輸出に大打撃を与えている。

まず、新型コロナウイルス感染症の蔓延《まんえん》の責任論や香港《ホンコン》国家安全法を巡る対立が、「米中冷戦」に発展している。米国政府はファーウェイへの制裁などを巡っても中国と衝突し、友好国を中心に「反中産業ネットワーク」を編成しようとしている。中国を孤立させる経済ブロックを形成するためだ。

こうした動きは輸出不振に苦しむ韓国経済を、さらなる苦境に追い込む可能性が高い。韓国産業通商資源部によると、二〇一九年の韓国の輸出額は、一二ヵ月連続で前年比マイナスを記録した。二〇二〇年はコロナウイルス禍で、さらに大幅な減少を見せている。二〇二〇年四月には、貿易収支までもが、九九ヵ月ぶりに赤字に転落した。

韓国関税庁によると、二〇一九年の韓国の総輸出額のうち、二五・一%を占める輸出相手国一位が中国だ。先述の「米中冷戦」ともいえる動きに鑑《かんが》みると、今後も輸出の不振が続くことは間違いないだろう。というのも、韓国貿易協会によると、韓国の二〇一九年の対中輸出額のうち約八〇%が中間財だ。二〇一九年に中国が全輸出中の約一七%を米国に輸出したことを考えると、韓国が間接的に米国に輸出する金額も減少するだろう。

現代経済研究院は、米国が中国製品の輸入を一〇%減らすと、韓国の対中輸出額が三五兆ウォン（約三・一兆円）減少するという研究を行っている。しかし米国は、中国との「デカップリング（切り離し）」を目指しているのだ。中国製品の輸入額が半減することすら予想される。

また、韓国が強みを発揮してきた半導体においても力を付けてきた中国では、韓国に対する技術的依存度が低減している。実際、韓国産業通商資源部によると、対中輸出は二〇一八年一一月から一三ヵ月連続の減少を記録した。二〇二〇年に入っても、四ヵ月連続マイナスである。

このように、韓国の輸出に有利な情勢は、世界中のどこにも見られない。輸出依存度が極端に高い韓国経済は、どこまで落ちていくのか？

こうした状況下、日本人が留意すべき韓国経済の脆弱性《ぜいじゃくせい》には、以下の九つの点が挙げられると思う。それらを列記しよう。

①日本に大幅に依存する素材とマネー
②極端に中国頼みの経済構造
③異常なまでに高い輸出依存度
④外国資本が支配する大企業
⑤半導体の他には存在しない成長産業
⑥世界一の速度で進む少子高齢化
⑦左派と保守派が殺し合う社会構造
⑧南北統一という名の「核弾頭」
⑨主要国が忌避《きひ》する「恨」の思想

「一衣帯水」という言葉があるが、われわれ日本人は、ともすると、隣国・韓国に住む人々の行動に違和感を覚えることが多い。そうした文化的・社会的な側面を解説し、本書は韓国経済の危険性に警鐘を鳴らす。

二〇二〇年六月一六日、北朝鮮は、開城《ケソン》にある南北共同連絡事務所を爆破した。同事務所は、北朝鮮の金正恩委員長と韓国の文在寅《ムンジェイン》大統領が二〇一八年四月に南北首脳会談で署名した板門店《パンムンジョム》宣言に従って開設された南北融和の象徴である。こうして風雲急を告げる南北情勢が、韓国経済崩壊の序曲となるのかもしれない。

なお、本書では一ドルを一一〇円で、一ウォンを〇・〇九円で計算して表記した。また、敬称は歴史人物などを含め、一部省略させていただいた。

二〇二〇年夏

真壁昭夫《まかべあきお》

目次◉9つの悪魔に支配された韓国経済の悲劇

第三章　歪な韓国経済の構造

第四章　左派と保守派が暗闘する悲劇

第五章　文大統領の政策の愚

第六章　韓国からヒト・モノ・カネが脱出する日

終　章　日本と韓国の経済構造の大違い

9つの悪魔に支配された韓国経済の悲劇

第一章　極めて脆弱な国・韓国

＊中国の「おこぼれ」で成長する経済構造

二〇二〇年二月下旬の時点で、すでに韓国の経済は、かなり厳しい状況を迎えていると見られた。その背景には様々な要因が考えられる。

最も重要と考えられる背景の一つは、中国経済の成長率の低下だ。端的にいえば、韓国は太陽の光を反射して輝く「月」の経済といえる。韓国の経済は自力で成長を目指し、そのための取り組み（構造改革など）を進め、成長を実現することが難しいのだ。ある意味、韓国は、中国共産党が進める国家資本主義に支えられた成長の「おこぼれ」に与《あずか》るようにして、景気を支えてきた。

それを確認するために、リーマンショック後の韓国経済のＧＤＰ（国内総生産）を振り返る。端的にいえば、韓国経済は、中国の景気動向に大きく左右される。言い換えれば、自力で経済の成長を目指すことは難しいといっても良い。

ＧＤＰとは、一定の期間（一年間、あるいは四半期）に、一国内で生み出された付加価値の合計額を示す経済指標である。分かりやすくいえば、ＧＤＰは、企業の収益と、働く人が受け取る給料を足し合わせたものと考えれば良い。当たり前のことだが、ＧＤＰが増

図表1　韓国の実質GDP成長率の推移

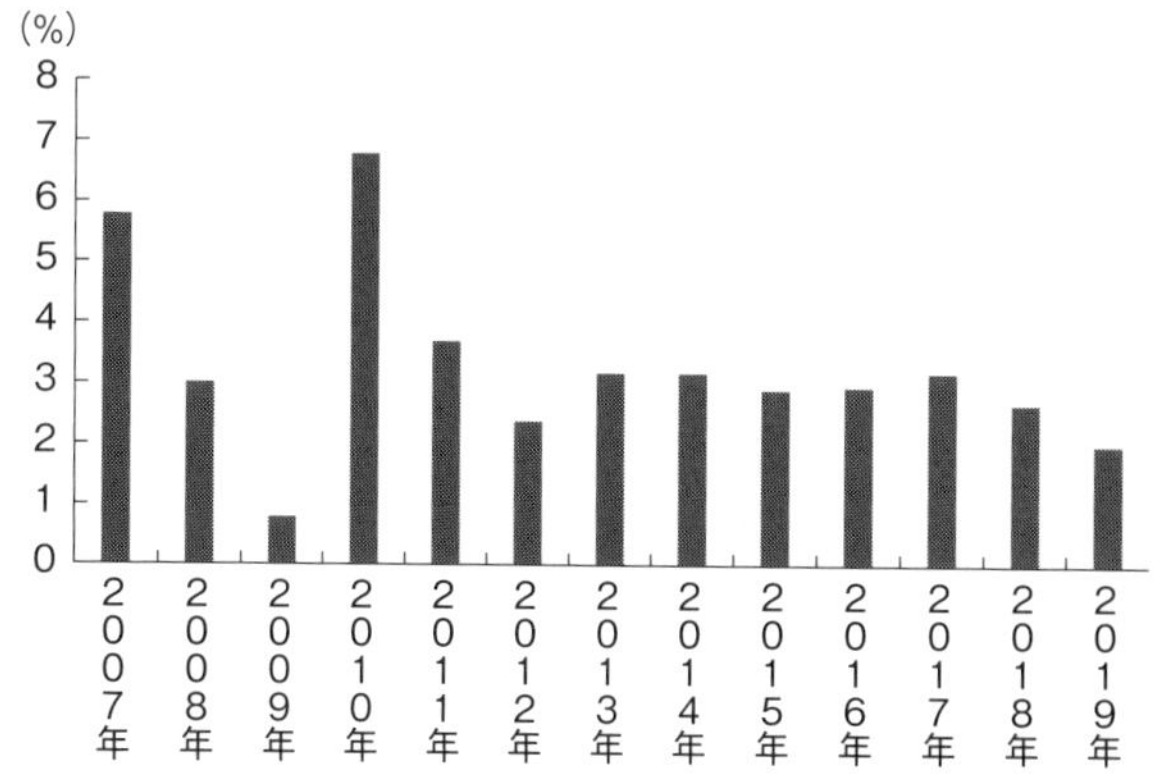

出所：韓国銀行資料

加傾向をたどると、私たちの消費意欲は高まる。

その場合、人々は、先行きに関しても明るい見通し（前向きな心理）を持つことができるだろう。同時に、その状況は、企業が設備などへの投資を増やしたり、雇用を増やしたりするために欠かせない。

図表1を見ると、二〇〇八年九月に発生したリーマンショック（当時、全米第四位の大手投資銀行であったリーマンブラザーズが経営破《は》綻《たん》に陥り、世界の金融市場と経済に大きな混乱が生じたこと）を境に、韓国のGDP成長率は低下した。

特に、米国を中心に大手の金融機関の経営に対する懸念が高まって金融システムの混乱が深刻化したことや、世界各国で株式をはじめとする資産の価格が大きく下落した影響は大きかった。それは、人々の心理を急速かつ大きく冷え込ませた。

この結果、世界的に需要が落ち込み、各国の生産活動は「崖《がけ》から突き落とされる」かのような勢いで減少した。輸出主導型の経済を運営してきた韓国は、この衝撃に直撃されたといって良い。

二〇一〇年、韓国のGDPは大きく反発した。中国が四兆元（当時の邦貨換算額で約五七兆円）の景気刺激策を発動したことがそれを支えた。中国は巨額の資金を用いてインフラ関連の投資を進めると同時に、家電や自動車を農村に普及させる政策を推進した。それが韓国の生産と輸出の回復につながり、GDP成長率が高まった。

その後の韓国GDP成長率は不安定に推移してきた。二〇一一年と二〇一二年は、ともに前年を下回る成長率が続いた。それは、中国経済の減速（GDP成長率の低下）に影響されたと見られる。

大規模な景気刺激策に支えられ、二〇〇九年七～九月期以降の四半期、中国の実質成長率は、前年比で一〇・六％、一一・九％、一二・二％と持ち直した。しかし、これは政府主導で巨額の資金を経済に注《つ》ぎ込んだことによるものであり、持続可能なものではない。

中国の経済成長率は、二〇一一年後半から一〇％を下回り始めた。それに伴い韓国の景気は落ち込んだ。

二〇一五年の夏には、中国の本土株式市場において株価が大きく下落した。また外国為替市場では、人民元の切り下げを発端に、人民元安が進行した。これを受けて、中国の金融市場は大きく混乱した。

すると中国では、命の次に大切なカネを守るため、本土から海外に資金を持ち出そうとする人が増えた。中国からの資金流出は増加し、中国経済の先行きに対する懸念は大きく高まった。これをチャイナショックと呼ぶ。

この影響は韓国にも波及し、二〇一五年の成長率は落ち込んだ。なお、この年の九月には北京で「抗日戦争と世界反ファシズム戦争勝利七〇周年」を記念する式典が開催され、当時の韓国大統領、朴槿恵《パククネ》氏が出席した。韓国は中国との関係を重視し、中国からの配慮を取り付けることで経済への追い風にしようとする姿勢を、世界各国に鮮明に示したのだ。

本来であれば韓国は、北朝鮮のリスクに対応するため、日米などとの安全保障の連携を強化する必要があったはずだ。中国に「媚《こび》を売る」韓国の姿勢に違和感や不安を抱いた政治や経済の専門家は少なくなかっただろう。

その後、二〇一六年に入ると、中国は公共事業を積み増し、景気の下支えに取り組んだ。翌年一〇月の中国共産党全国代表大会（中国共産党大会）の開催に向け、景気を安定させることで、中国共産党は人々からの支持や信頼を取り付けようとした。

これは韓国経済にとって大きな「追い風」になったといえる。二〇一七年、韓国のGDP成長率は、二〇一四年以来の三％台を回復した。この回復に関しても、中国の景気刺激策の発動に支えられた側面が大きい。それはあたかも、太陽の光を反射して月が輝くことに似ている。

二〇一七年一〇月の中国共産党大会終了後、中国では、一部の公共事業が停止された。それは中国経済にかなりの影響を与えた。すると二〇一八年以降、中国経済の減速は鮮明化した。それを受けて、中国の需要を取り込んできた韓国経済の成長率も低下に転じたのだ。

さらに二〇一八年、中国は経済の急速な冷え込みに加え、米国との通商摩擦という逆風にも直面した。米国のドナルド・トランプ大統領は、対中貿易赤字を減らすことと、IT先端分野における中国の台頭を食い止めることを目指し、中国からの輸入に制裁関税を発動したのである。これは、中国を中心に世界に張り巡らされてきた企業のサプライチェーン（供給網）を混乱させた。

もともとトランプ大統領は、グローバル化の進展とともに海外に進出した企業を国内に連れ戻し、自国の産業基盤を強化することを重視していた。そのため二〇一七年には、韓国との貿易体制が不公平であると主張し、ＦＴＡ（自由貿易協定）の見直しが進んだ。トランプ政権の発足とともに世界のサプライチェーンには混乱が広がったと考えられる。

米中の通商摩擦で発生した制裁関税と報復関税の応酬激化は、世界のサプライチェーン体制を寸断するような、かなりの衝撃を世界経済に与えた。中国に生産拠点を設けてきた企業は、それを他の国に移管し、「ジャストインタイム」の効率的な生産体制を再構築しなければならなくなった。しかしそのコストは、当然、企業が負担しなければならない。

韓国経済は、米中通商摩擦に直撃され、二〇一九年のＧＤＰ成長率は二・〇％に低下した。これは二〇〇九年以降で最低の数字だ。景気減速のスピードはかなり速いように見える。

その他にも、政策運営や外交など、韓国経済を下押しした要因は多い。さらに二〇二〇年に入ってからは、中国の湖北《こほく》省武漢《ぶかん》市を発生地として、世界各国で、新型コロナウイルス感染症が拡大した。それは、減速が鮮明化する韓国に、強い衝撃を与えた。

＊中国の景気が直撃する韓国経済

二〇一八年以降の中国経済の状況を一言で言い表すと、「経済成長の限界」というにふさわしい。公共事業や減税、そして補助金の支給など、中国共産党は必死になって、なりふりかまわず、景気を支えようとしてきた。それでも景気は減速した。二〇二〇年現在、中国には、韓国にかまうゆとりも必要性もないだろう。

それでも韓国は、何とかして中国からの配慮を取り付けたいはずだ。そうして世界有数の消費・流通市場である中国にアクセスし、需要を取り込まなければならない。

この考えは、韓国の政権が左派から保守派、保守派から左派へと変わるなかでも重視されてきた。二〇〇三年二月から二〇〇八年二月まで、左派の盧武鉉《ノムヒョン》政権は、積極的に中国への接近政策を進めた。その後、韓国では保守派政権が誕生したが、二〇〇八年二月に大統領に就任した李明博《イミョンバク》氏はグローバル経済への対応を進めることを主張しつつも、中国との関係強化を目指した。

伝統的に、韓国の保守派政権は、米国との安全保障を基礎に、朝鮮半島の安定を目指してきた。その政策を進めるうえでは、米国の同盟国である日本との関係も重要となるだろう。

しかし、李明博大統領が竹島に上陸したことなどを基に考えると、韓国は、長期の安定よりも目先の景気の安定を目指し、対中関係を優先せざるを得なかったのだろう。リーマンショックが発生し、韓国経済の成長率が大きく落ち込んだだけに、韓国が中国との関係を重視したのは無理もない。

問題は、韓国が、構造改革や多国間の経済連携の推進などではなく、中国依存によって景気の安定を目指すしかなかったことだ。それは、ＴＨＡＡＤ《サード》（終末高高度防衛ミサイル）導入をめぐる中韓関係の変化を確認するとよく分かるだろう。

二〇一七年前半、韓国政府が北朝鮮のミサイル開発などの脅威に備えるために米国の地上配備型ミサイル迎撃システムであるＴＨＡＡＤの配備を行った。この措置に対して中国は、中国本土の韓国企業ロッテマートの店舗を営業停止にした。また、中国政府は韓国への団体旅行も禁止した。これは、ＴＨＡＡＤ配備に対する制裁だ。この制裁は韓国経済にとって、かなりの下押し圧力となった。

なお、二〇一七年の大統領選挙戦のなかで、文在寅氏はＴＨＡＡＤ配備の賛否に明確な姿勢を示さず、他の候補からの批判を受けた。

このように韓国は、どうにかして中国からの配慮を取り付け、自国の経済成長につなげなければならないのだ。しかし、韓国がどれだけ中国に配慮を求めたとしても、それに応じるか否《いな》かは、中国共産党政権の判断次第だ。中国経済が厳しい状況に直面すれば、当然のことながら、中国共産党政権は国内事情を優先しなければならなくなる。なお、北朝鮮問題の動向がどうなるか、それも中国が韓国への対応を決めるうえでの重要事項だ。

経済成長の側面に焦点を当てると、中国には、韓国に配慮する必要性も、ゆとりも、すでになくなっている。というのも二〇一八年以降、中国経済は、必死に景気刺激策を進めても景気減速を食い止めることが難しい状況に陥った。その状況のなか、中国共産党政権は、兎《と》にも角《かく》にも国内の社会心理の安定を目指し、景気対策に注力するしかない。

＊二〇一八年に限界を迎えた中国経済

二〇一八年を境に、中国は経済成長の限界を迎えたと見られる。

リーマンショックが発生するまで、中国経済は主に輸出によって、一〇％を超える経済成長を実現した（図表2）。中国は内陸の農村部の豊富な労働力を活用し、都市部におけ

図表２　中国の実質ＧＤＰ成長率の推移

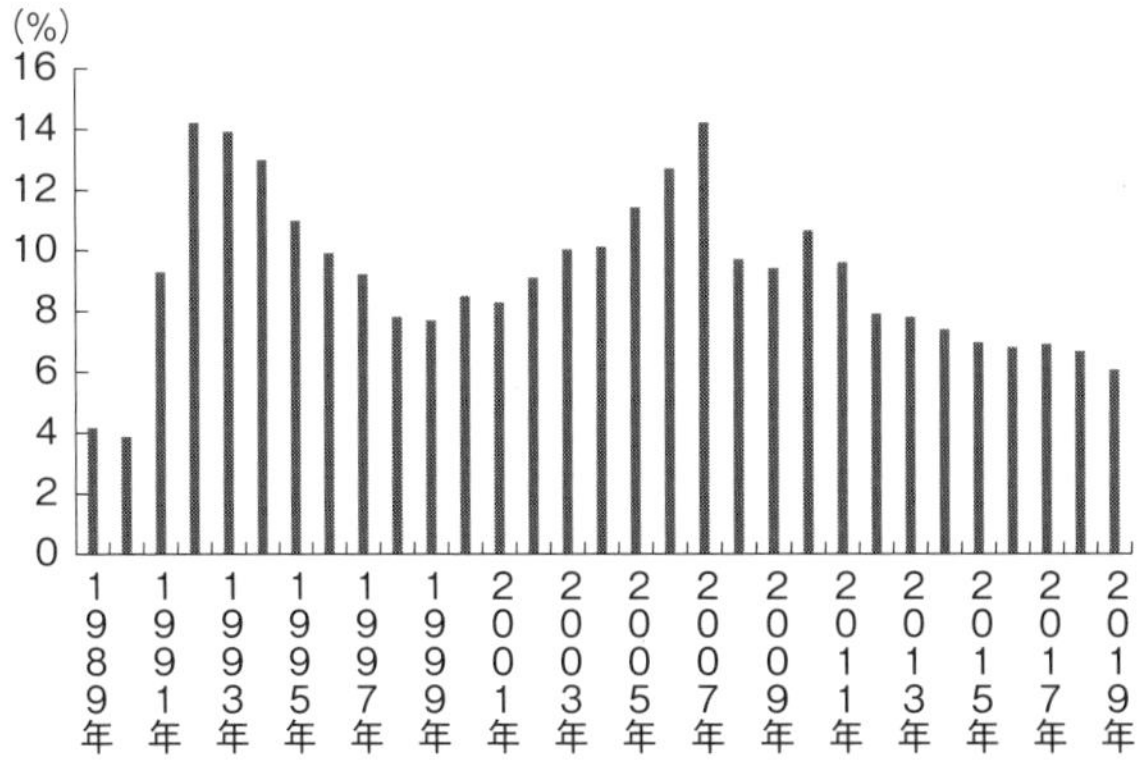

出所：中国国家統計局資料

る工業化を推進することで、「世界の工場」としての存在感を発揮した。このように工業化を進めるためには、海外からの資本を誘致することも重要だった。その分、韓国は、中国の需要にアクセスしやすかったといえる。

　しかしリーマンショックの発生によって、世界の貿易取引が大きく落ち込んでしまった。その状況を打開するために、中国政府は大規模な景気刺激策を導入し、投資によって成長率の回復を目指したのである。

　特に地方政府の共産党幹部は、中国共産党の指導部が設定する成長率目標を達成しなければならない。それが地方の幹部の昇進や出世を左右する。この結果、投資への依存度は、見る見るうちに高まった。

このように投資による成長が重視されるなか、中国では、必要とされる以上のインフラや構造物が生み出され、過剰な生産能力が深刻化した。二〇一六年の時点で、中国の鉄鋼生産能力は年間一一億トン程度だったと見られる。このうち、実際の生産量は八億トン程度だったと推計されている。つまり、三億トン程度の過剰生産能力が出現した。わが国の一年間の鉄鋼生産量が約一億トンであることを考えると、中国の過剰生産能力は、あまりに深刻だ。

過剰な生産能力を抱えたまま、企業が長期の存続を目指すことはできない。しかし中国の共産党政権は、産業補助金を支給することで、国有企業などの存続を支えた。この結果、債務問題は、爆発寸前にまで深刻になっている。

また二〇一九年半ばの時点で、中国の民間債務はＧＤＰの二〇九％にも達した（図表3）。この水準は、一九九一年夏、わが国の不動産バブルが崩壊した際の債務水準とほぼ同じだ。中国国内で不動産バブルが続いていることを考えると、経済と金融市場の不安定性は増している。

ゆえに本来であれば、中国は不良債権処理を進めて金融システムの安定を確保しなければ

図表３　中国の民間（金融機関除く）債務残高（GDP比）

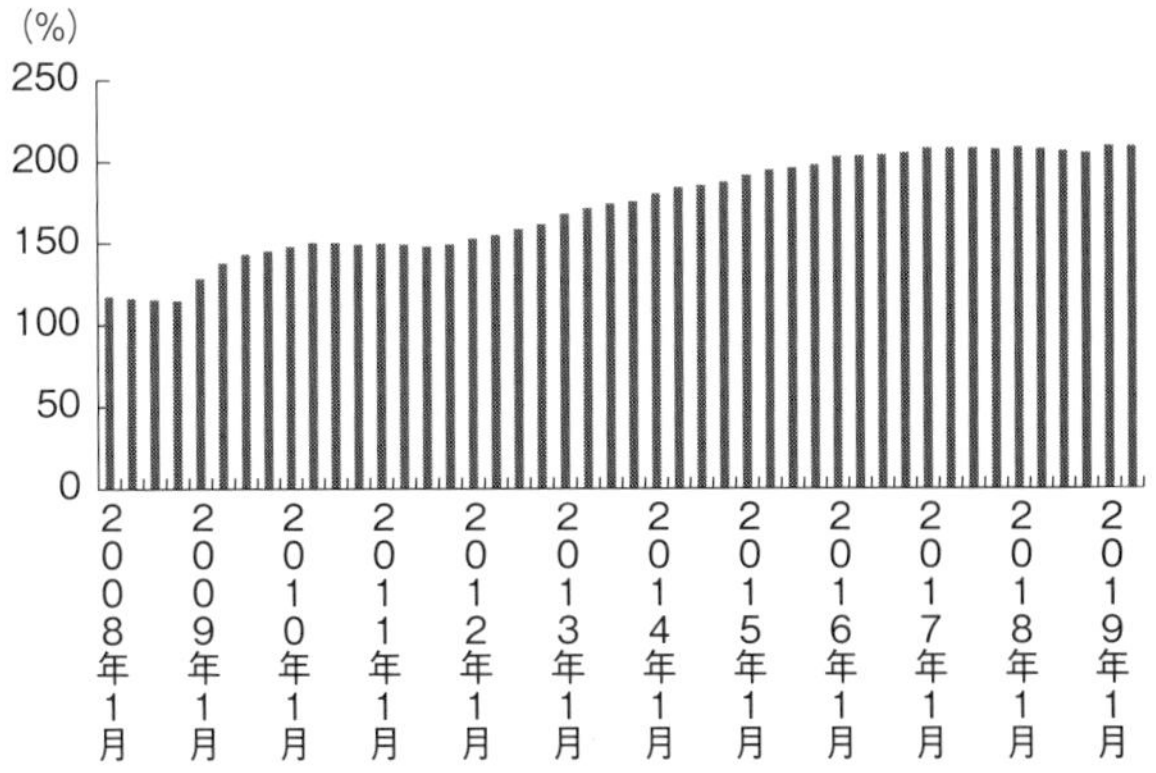

出所：国際決済銀行（BIS）資料

ばならない。同時に、中国政府は構造改革を進め、成長期待の高い分野に経営資源が再配分されるような環境も整備しなければならない。一時、中国共産党内の改革派（李克強《りこくきょう》首相や劉鶴《りゅうかく》副首相など）は、その考えを重視していた。

しかし二〇一八年以降、景気対策が効果を発現しづらいうえに債務問題も深刻化し、さらには米中の通商摩擦によって中国経済の減速懸念が高まった。そうしたなか、中国共産党内では保守派などから改革への批判、不満、恐れなどが噴出し、習《しゅう》近平《きんぺい》国家主席はその声に耳を傾けざるを得なくなったと見られる。

実際、二〇一九年四月下旬、保守派から

の批判に直面した習氏は、米国とともに取りまとめてきた通商問題に関する一五〇ページ程度の共同文書を一〇五ページにまで修正・圧縮し、一方的に米国に送り付けた。それは、中国経済の運営姿勢が、改革重視から、補助金依存や債務問題温存の方向に後退したことを印象付ける出来事だった。

経済が成長の限界を迎え、さらには米国との通商摩擦や保守派からの批判などに直面した習氏に、韓国のことをかまうゆとりはない。その状況は、大型輸送機に牽引《けんいん》されて飛行していたグライダーが、ワイヤーを切り離したあとに飛行する力を失うと、錐《きり》もみ状態に陥ってしまうシーンに似ている。

中国が経済成長の限界を迎えたことは、韓国経済にとっては致命的だといっても過言ではない。さらに、新型コロナウイルス感染症の発生によって、世界のサプライチェーンの混乱が深刻化するだけでなく、中国共産党の指導力や求心力の綻《ほころ》びを懸念する市場参加者も増えた。それは、韓国がさらに強い逆風に直面することを意味する。

＊米中通商摩擦も韓国経済を直撃

中国経済が成長の限界を迎えたことは、韓国経済に大きな衝撃を与えた。さらに、米国と中国の通商摩擦が激化したことが、韓国経済を支える半導体業界を直撃した。この結果、韓国経済の基礎的条件（ファンダメンタルズ）は、かなり不安定化している。

見方を変えれば、中国経済の減速は韓国経済の体力を大きく削《そ》ぎ、そのうえに米中の通商摩擦という新たな下押し圧力が加わったということだ。海外経済に依存してきた韓国が複合的なリスク要因に対応し、自力で経済の安定を目指すことは、口でいうほど容易なことではないだろう。

ＩＴ先端分野における米国と中国の通商摩擦には、覇権国争いとしての側面がある。人工知能（ＡＩ）や高速通信に関するテクノロジーなどは、今後の世界経済の成長に大きく影響する。その分野で主導権を握る国や企業は、競争を有利に進められるだけではなく、世界経済全体に強い影響力を発揮する可能性がある。そのため米国は、中国が人工知能や５Ｇ通信機器関連の競争力を高めれば、自国の情報網へのサイバー攻撃が激化するなどして、国家の安全保障が脅《おびや》かされるとの危機感を強めてきた。

その考えから、二〇一八年四月、米国政府は中国に対する制裁関税の発動に加え、中国の大手通信企業である中興通訊《ちゅうこうつうじん》（ＺＴＥ）に制裁を課した。それは同社の体力を急速に奪った。最終的には中国の習近平《しゅうきんぺい》国家主席がドナルド・トランプ大統領に制裁の解除を要請し、米国は制裁金の支払いやＺＴＥの経営陣の刷新などを条件に制裁を解除した。

また米国は、中国の通信機器最大手ファーウェイに対しても制裁を課した。米国が中国の補助金政策の停止などを強く求めている背景には、ＩＴ先端分野における中国の台頭を阻止しなければならないという強い危機感がある。

こうしたＩＴ先端分野における米中の摩擦は、韓国経済にとって、あまりに大きな下押し圧力となった。特に、二〇一六年以降の韓国経済の持ち直しの原動力となった半導体業界への影響は大きい。

二〇一七年、世界の半導体出荷額は前年から二〇％以上増えた（図表４）。半導体のタイプ別に分析すると、データの保存などに使われるメモリ半導体の伸びが大きかった。世界のメモリ半導体市場におけるシェアを見ると、サムスン電子が約四〇％、ＳＫハイニックスが約三〇％と、韓国企業が圧倒的なシェアを誇る。

このメモリ半導体の需要を高めた大きな要因の一つに、ビッグデータがある。つまり、質・量ともに膨大《ぼうだい》なデータを分析することで、需要を創出しようとする考えが、世界的に増えたのだ。この分野で、米国と中国はしのぎを削ってきた。

そしてリーマンショック後の世界経済では、二〇一六年まで、スマートフォンの出荷台

図表4　世界の半導体出荷額の推移

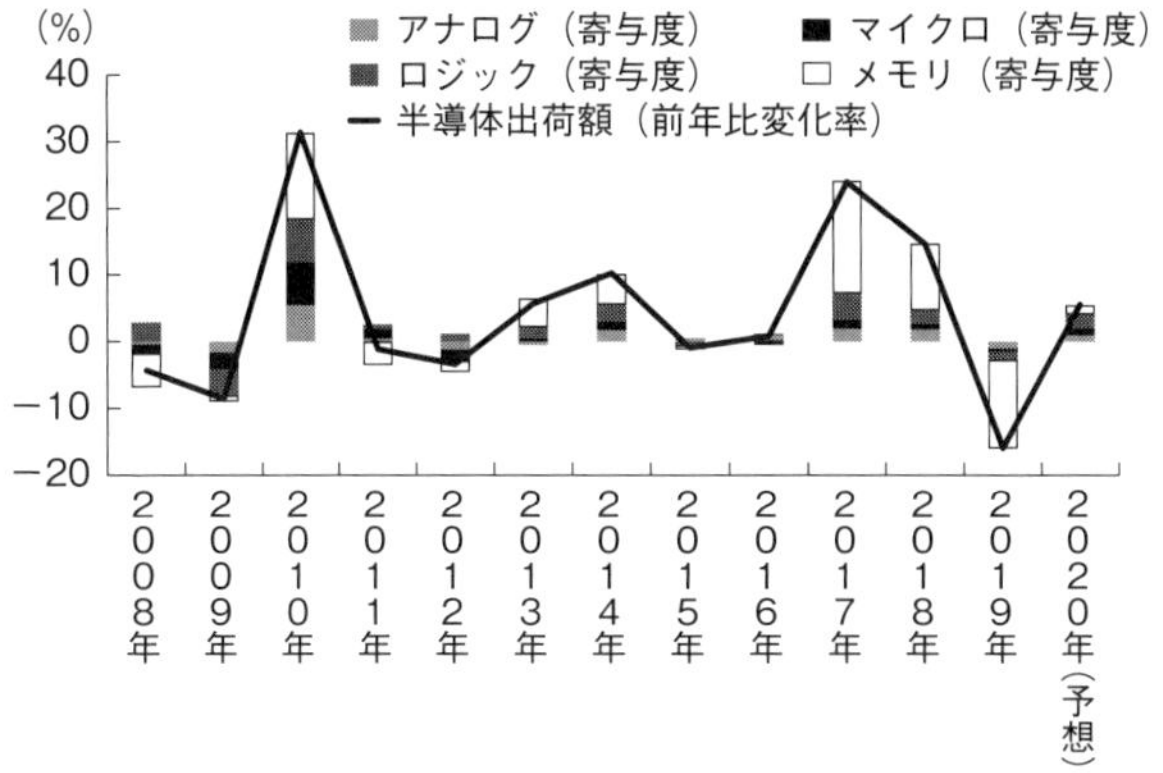

出所：世界半導体市場統計

数が増加傾向となった。それに伴い、新しいテクノロジーが実用化された。

SNS（ソーシャル・ネットワーキング・サービス）の登場とヒットは、その典型例だ。フェイスブックなどのSNSプラットフォーマーはユーザーの投稿内容を基に、個人の行動様式をデータ化し、個人の好みにマッチした広告サービスを実施することで収入を得た。

中国のIT大手アリババ集団などはモノやサービスの販売に加え、スマートフォンを用いた資金の決済（モバイル決済）や、収入、学歴、職業などのデータを基に個人の格付けサービスを提供した。それにもビッグデータの活用が欠かせない。ビッグデータは、質・量ともに膨大なデータであるため、世界的にデータを管理するデータセンターへの設備投資が増加し、メモリ半導体の需要が伸びたのである。

また中国は、社会を監視するために、先端技術を積極的に活用している。ＡＩを搭載した監視カメラ網の設置はその良い例だ。データセンターの増加やＡＩの活用範囲の拡大、そのテクノロジーの高度化などに伴い、中国の半導体需要は拡大した。

それは、韓国が中国に依存してきた一面を確認する良い実例といえる。ビッグデータへの注目と利用促進などが中国の半導体需要を押し上げ、韓国大手企業の業績拡大につながった。ここで確認できる重要なことは、韓国の半導体業界の成長が、自国内の需要よりも、海外の要因に依存していることだ。

一方、米国は、中国が世界の半導体を買い占め、ハイテク強国としての地位を確立することを恐れ、通商面で圧力をかけた。結果、米国の対中圧力は、韓国の半導体産業の収益を減少させた。さらに、米国が中国に制裁関税をかけたことを受けて、世界の工場としての中国の地位が大きく揺らいだ。

韓国など世界の企業は、豊富な労働力、そのコストの低さなどに注目し、自国にあった生産拠点を中国に移し、製品を生産してきた。そのうえで各国の企業は、生産された商品

図表5　韓国の製造業購買担当者景気指数（PMI）の推移

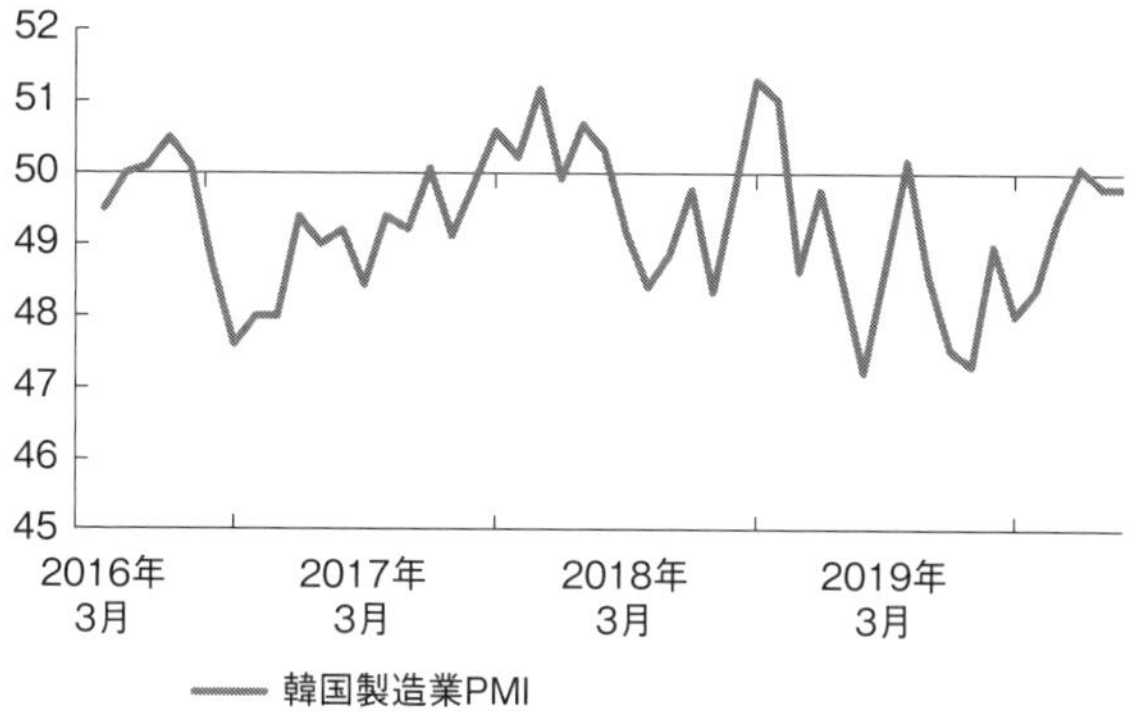

出所：日本経済新聞、IHSマークイット資料（新聞報道データを基に作成）

を中国から世界に輸出することで収益を獲得した。しかし、二〇一八年に入って米国が中国からの輸入に関税をかけ始め、通商摩擦が激化したことにより、この世界経済のシステムは機能不全に陥った。

その影響を回避するために、世界各国の企業が中国にあった生産拠点をベトナムなど東南アジアの新興国に移管し始めた。

さらに中国では、米中通商摩擦による先行き不安が台頭した。それは、経済成長の限界を迎え不安定感が増していた中国の所得・雇用環境を一段と悪化させた。

この結果、サプライチェーンの混乱や寸断に中国の消費の落ち込みが重なり、世界全体で輸出が鈍化した。図表5から分かるように、二〇一八年春先以降、韓国の製造業ＰＭＩ（購買担当者景気指数）には、そうしたマイナスの影響がはっきりと出始めた。つまり、世界の輸出が伸び悩み、収益環境が悪化したことを受けて、企業の先行き警戒感といった弱気な心理が高まったのである。

しかし二〇一九年後半に入ると、５Ｇ関連の需要に支えられ、韓国の景況感の悪化には歯止めの兆《きざ》しが出始めた。しかし、中国経済の減速懸念が強いことや、新型コロナウイルス感染症の影響から、韓国の製造業ＰＭＩが持続的に五〇を上回るには至っていない。このデータを基に考えると、韓国経済は自力で経済の安定を目指すこと自体が難しくなっているといえるだろう。

見方を変えれば、海外経済がそれなりの安定性を維持しているあいだ、韓国は半導体の輸出などによって景気の持ち直しを目指すことができる。それは自国の要因に支えられたものというよりも、海外頼みの側面が強い。反対に、ひとたび中国の景気減速や米中の摩擦激化が鮮明化すると、韓国では、そうした不確定要素に対応して国内の経済を落ち着かせることが難しくなる。

＊深刻化する少子化・高齢化・人口減少

海外要因に加え、韓国国内の経済環境も厳しさを増している。その大きな要因として、少子化、高齢化、人口減少が急速に進んでいることが挙げられる。

少子化、高齢化、人口減少が同時に進むと、内需は低迷する。企業の収益は伸び悩み、資本が海外に流出する。高齢者世帯は老後の生活のために貯蓄を取り崩し、国内での資本も減少する。この結果、経済は縮小均衡に向かう。これは、韓国だけでなく、わが国も直面している問題だ。

それに加え、韓国の人口問題の背後には、同国が抱える根本的な問題が潜んでいる。端的にいえば、韓国では、人々が将来に希望を持つことが難しくなったのだ。実際、韓国からの留学生と話すと、自国よりも日本のほうがより多くのチャンスに巡り合えると考えている人が多い。韓国では、人々が自分以外のことを考えるゆとりをなくしてしまっているようにさえ見える。ある韓国の知人はその状況を、「生きづらさが増している」と形容していた。

その結果、子どもの数が増えず、社会全体で高齢化が進み、人口の減少に歯止めがかからなくなっている可能性がある。人口が減少すると、経済はさらなる停滞に陥るだろう。韓国では人口減少が経済環境を悪化させ、それがさらに人口問題を深刻化させるという、悪循環に陥ってしまっているようだ。

それを考える一つの視点として、人口問題のなかでも合計特殊出生率（一人の女性が生涯に産む子どもの数）に焦点を当ててみたい。

韓国では、合計特殊出生率が急減してきた。単純に考えると、人口を維持するには、一組の夫婦が二人の子どもを産むことが必要だ。ただし、幼いときに亡くなる人もいる。そのため、一般的に人口を維持するためには、おおよそ二・〇八の合計特殊出生率を維持しなければならないと考えられている。

図表6が示すように、一九八〇年代、韓国の合計特殊出生率は、二・〇〇を下回った。その後、一時、韓国の合計特殊出生率は上向き、わが国を上回った。しかし、一九九七年に発生したアジア通貨危機以降は、出生率の低下が鮮明となっている。

通貨危機の発生によって、韓国は、自力で経済運営に必要な資金を確保することができなくなった。さらに、大手企業の経営が悪化し、破綻に陥る企業も増えた。結果、一九九七年一一月、韓国政府はＩＭＦ（国際通貨基金）に資金支援を申請し、事実上の財政破綻に陥った。

これは韓国の人々に、かなりの悲観を植え付けた可能性がある。政府が財政を維持でき

図表６　合計特殊出生率の推移

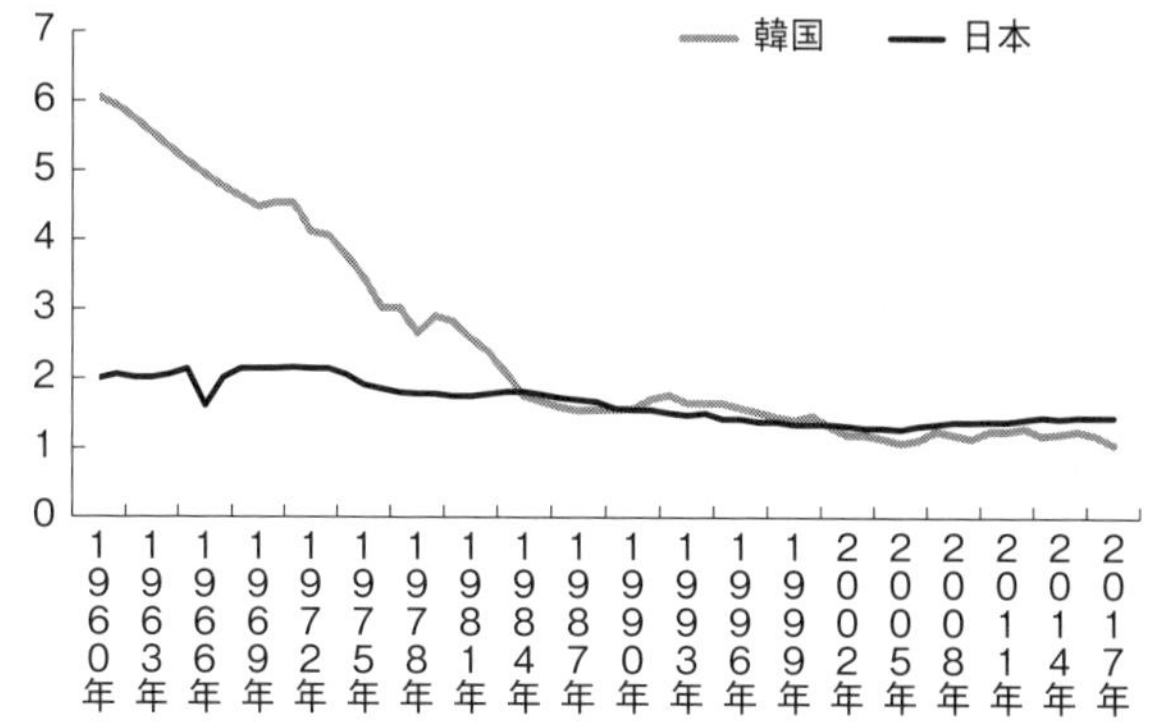

出所：世界銀行資料

ず、国際社会に支援を要請したことが、韓国の人々に「政府のことは当てにできない」といった不安や疑念を抱かせた。国民が政府を信用するか否かは、社会と経済の安定に無視できない影響を与えるのだ。

また、通貨危機の発生による企業の倒産増加などを受けて、所得・雇用環境が悪化したことの影響も大きかっただろう。なかには通貨危機の発生によって生活が苦しくなり、「どれだけ努力を重ねても、望む生き方を実現することは困難だ」という、諦《あきら》めに似た心境に陥った人も多かったのではないか。

そうした国に対する失望ともいうべき心理が社会全体に広がった結果、家族を持つことを諦める人が増えたことは軽視できない。このように考えると、アジア通貨危機の発生が韓国の合計特殊出生率に与えた影響は、決して小さくなかっただろう。

二〇〇〇年代に入ると、韓国の合計特殊出生率は不安定に推移した。わが国の合計特殊出生率がわずかながら持ち直しつつあるのとは対照的だ。

この二〇〇〇年代には、中国が工業化の初期段階を歩み、世界の工場としての存在感を高めた。それは、通貨危機後の韓国経済を支える要因となった。また、二〇〇二年頃から二〇〇五年半ばにかけて、米国で住宅バブルが発生し、世界経済は上向き基調で推移した。それも韓国の家電産業などの成長を支え、経済成長率の向上に寄与したのだ。

それによって、韓国での人々の生活には幾分かのゆとりが生じたはずだ。にもかかわらず、合計特殊出生率は上向かなかった……通貨危機の発生が韓国の社会心理に与えたマイナスの影響は、かなり深刻だったのだろう。

すると二〇一二年を境に、韓国の合計特殊出生率には、低下圧力がかかり始めた。このタイミングは、中国のGDP成長率が一〇%を下回り始めた時期と重なっている。見方を変えれば、最大の輸出先である中国経済の減速とともに、韓国の個人の生活は一段と苦しくなったといえるかもしれない。

突き詰めていえば、韓国では、輸出によって得た富を社会全体で公平にシェアし、経済全体の底上げにつなげることが難しかったのだろう。

さらに二〇一八年、韓国で生まれた子どもの数は前年から三万人程度減少し、約三二・七万人だった。三七ページの図表6には反映されていないが、韓国統計庁が発表した同年の合計特殊出生率は〇・九八と、初めて一・〇〇を下回った。そして二〇一九年の合計特殊出生率は一段と低下し、〇・九二と、過去最低を更新。この状況は、少子化、高齢化、人口減少が深刻といわれる日本よりも厳しい。

中国経済が成長の限界を迎えたことを考えると、ここから先、韓国が中国の需要に依存して成長を実現することは難しくなるだろう。韓国では所得や雇用、さらには老後の生活などへの不安が高まり、合計特殊出生率は、今後も低下傾向をたどる可能性が高い。

それに加え、苛烈《かれつ》な受験競争のための学習塾費用の負担、出産後に女性が職場に復帰することの難しさ、住宅価格の高騰、北朝鮮問題への懸念など、韓国国内には、子どもを産み育てることをためらわせる複合的な要因がある。

このように考えると、韓国経済が自力で景気の持ち直しを目指し、人々が将来への期待を高める展開は描きづらい。景気とは、経済全体の動向や、それを受けた人々の心理状況を指す。「景気は気から」といわれるように、経済成長には、人々が将来に関して明るい展望を持ち、チャレンジ精神を高め、それを発揮することが欠かせないのである。

＊映画『パラサイト』が示す悲劇

人口問題に加え、韓国では、経済格差が深刻な問題となっている。その悲惨な様子は、二〇二〇年のアカデミー賞作品賞を受賞した映画『パラサイト 半地下の家族』でも描かれている。

これは、一時的なものではなく、構造的な問題ととらえる必要があるだろう。韓国では、資産や経済的な権力などを「持つ者」が栄え続け、反対に「持たざる者」は一段と苦しい状況に直面し続ける構図が定着してしまった。それほど経済格差は深刻な問題なのだ。

その結果、社会が分断されてしまっているように見える。社会が分断されてしまうと、政治が長期にわたって安定感を保つことが難しくなる。

その背景には、韓国経済の歴史が大きく影響している。朝鮮戦争が休戦したあと、韓国では軍事独裁政権が敷かれた。そのもとで輸出を増やして経済成長を促進するため、韓国

図表7　所得格差に関する意識
（「自国の所得格差が大きすぎるか」という質問に対する回答）

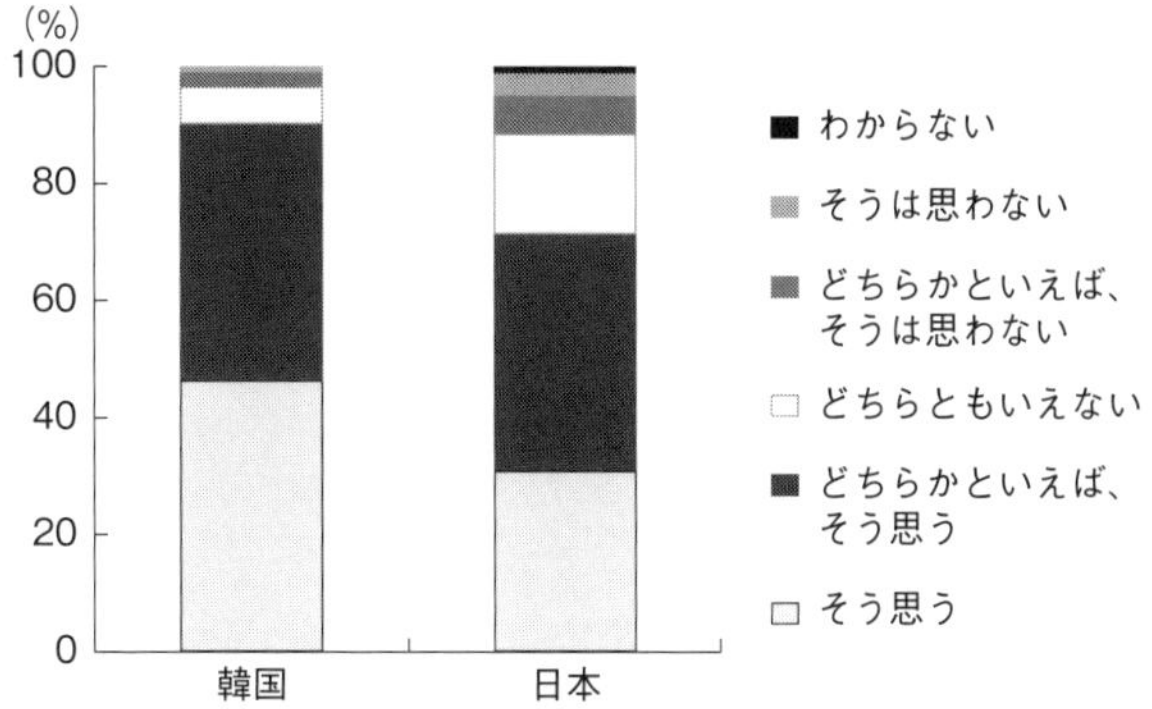

出所：厚生労働省資料

政府は、大手の財閥系企業の成長を重視した。

一九九〇年代に入り冷戦が終結してグローバル化が進み始めると、韓国では、財閥系企業がヒト・モノ・カネの経営資源を一方的に取り込んで国際市場での競争に打って出る体制を整えた。その裏返しとして、国内では財閥系企業による経済の寡占《かせん》（小数の企業が市場への支配を強めること）が進んだ。グローバル化が進展するとともに、韓国では遠心分離機にかけられたかのように、人々が一握りの財閥系企業関係者などの豊かな層と、それ以外の低所得層に振り分けられたといえるだろう。

そうした状況が長く続き、格差が固定化

されてしまった。それが韓国の社会心理に、格差に対する強い抵抗感や嫌悪感を植え付けただろう。

韓国の経済格差の深刻さを考えるためには、国民が格差をどう考えているかを確認することが重要だろう。四一ページの図表7を見ると、韓国では、八割超の人が自国の所得格差が大きすぎると考えている。一方、わが国の割合を見ると、経済格差に対する懸念などが高まってきたものの、問題意識は韓国よりも低い。

冷静に考えると、資本主義に基づいて経済が運営される場合、格差を避けることはできない。資本は、より成長期待の高い、あるいは、より効率的に付加価値を生み出すと期待される企業や人に向かう。同時に、企業はより有利な事業環境を確保しようとして競争する。

この結果、成長（所得など経済的な利得の増加）を実現できる企業や個人が現れる一方、対応することができない企業なども出る。それとともに経済の格差が拡大するのは避けられないだろう。

失敗しても再起を目指したい、より良い生活、より高い地位、カネ、名声を得たいと思うからこそ、競争が促進され、経済のダイナミズムが高まる。それは、格差に対する恐怖

図表8　韓国の失業率（12ヵ月移動平均、年齢別）

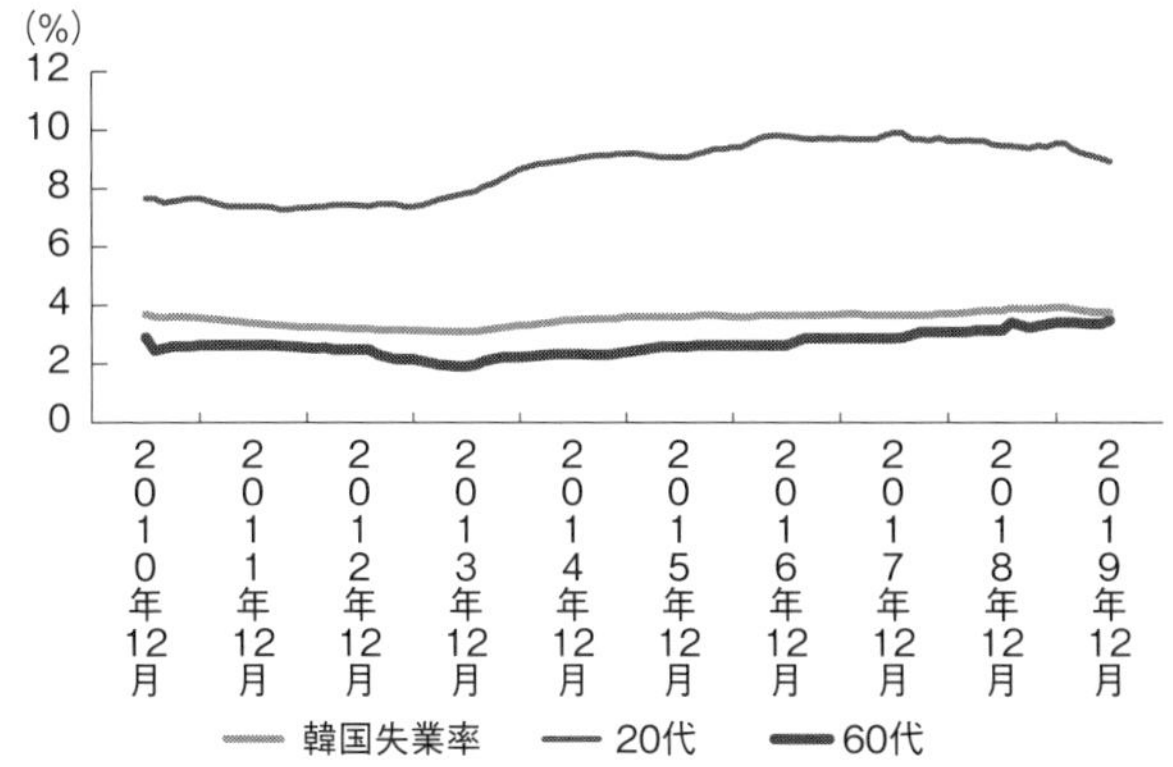

出所：韓国統計庁資料

や不安を払拭《ふっしょく》しようとして切磋琢磨《せっさたくま》することの裏返しともいえる。重要なことは、経済格差が広がったとしても、一人一人がチャレンジしようとする気持ち、心理的なゆとりを持つことのできる環境が整備され、維持されることだ。

一方、経済格差が固定化することは深刻な問題だ。格差が固定化してしまうと、市場経済における競争原理からはじき出されてしまった人たちが再チャレンジしたり、自己研鑽《けんさん》に励んだりする意欲そのものが失われてしまう。経済の格差が拡大することと固定化することは、まったく異なる事象なのだ。

韓国の失業率を年齢別に見ると、格差問

題の実態はかなり深刻といえる。

四三ページの図表8から分かるように韓国では、全年齢の失業率に比べ、若年層の失業率がかなり高いという歪《いびつ》な状況が続いている。二〇一九年末時点で韓国の失業率（季節調整前）は三・四％だった。これに対して、二〇代の失業率は七・三％だった。時系列でデータを確認すると、二〇代の失業率は恒常的に韓国全体の失業率を上回り、景気が回復したと考えられる局面においても、大きな改善が確認できない。一方、六〇代の失業率は平均を下回っている。

ここから示唆《しさ》されることは、すでに職業に就いていた人がその仕事に就き続ける一方で、高等教育などを終了して就職を目指す人の就業機会が限定されているという事実だ。一度仕事にありついた人は、格差への恐怖からそのポジションにしがみつき、労働市場の流動性が枯渇《こかつ》してしまっている。

韓国には個人事業主が多い。その一因にも、就職期待が極めて限られていることが影響していると見られる。

さらに韓国では、失業率が低い高齢者の貧困率が四三％にも達している。これはOECD加盟国のなかでは突出して高い。つまり、特定の世代間でも、資産を「持つ者」と「持たざる者」の格差が固定化し、さらに拡大しているものと見られる。

　これは韓国の政治にも、無視できない影響を与える。合計特殊出生率の低下など人口減少が進行するなか、政治家が選挙に勝つためには、人口に占める割合が高いシニア層の支持を取り込まなければならない。しかしシニア層に配慮した政策が、一〇代や二〇代の若者、さらには働き盛りの世代の共感を得るとは限らない。その結果として、高齢者の意向が反映されるような政治環境が続きやすい。

　こうして高齢者に配慮した政策運営が続けば、格差の是正を目指すことは難しいだろう。年金をはじめ社会保障改革などは進めづらくなる。

　本来、経済政策をはじめとする政策の目的は、政府が社会全体の抱える問題を把握し、合理的な方法や論理をもって問題解決の方策を立て、社会・経済・国家全体の在り方を望ましい方向に導くことにある。そう考えると、格差の固定化が深刻化している韓国の政策スタンスは、一考の余地がある。

　前項において、韓国では人々が将来に希望を抱きづらくなっており、それが人口問題を深刻化させているとの考察を示した。人々が将来を諦め、「もう自分一人の努力ではどうしようもない」といった心境に陥っている背景には、経済格差の固定化と深刻化があるはずだ。この状況が続けば、経済の活性化に必要な新しいことにチャレンジしようとする人々の熱意が失われ、経済が停滞し続けてしまう恐れがある。

＊韓国には成長産業がまったく見当たらない

韓国経済を見渡していると、成長産業が見当たらないとの印象を持つ。

確かに、サムスン電子やＳＫハイニックスが世界の半導体市場に占めるシェアは大きい。しかし両社ともに、半導体事業が競争力を失った場合、いかに収益を獲得するか、その成長戦略を策定するには至っていない。

あくまでも両社の収益の柱は半導体だ。見方を変えれば、韓国では、自国の経営資源を用いて新しい取り組みを実現し、起業を増やし、需要の創出を目指すことが難しいのではないかと思えてしまう。

韓国経済の特徴を大まかに説明すると、次のようになるだろう。

韓国は、わが国や中国、そして資源国から、資材、資源、部品などのモノを輸入する。韓国企業はそれを加工し、半導体などの製品を大量生産する。そのうえで韓国企業は汎用《はんよう》品《ひん》を大量に輸出し、価格競争力を高めつつ世界市場でのシェアを獲得し、経済成長につなげた。

ポイントは、韓国が一定の技術が確立された製品の生産に関するノウハウを海外から取り込み、それをサムスン電子などの業績拡大につなげることによって経済成長を目指してきたことだ。これを確認するためには、世界の半導体業界の歴史を振り返ると良いだろう。それによって、韓国がどのようにして海外から技術などを取り込んできたかが、より鮮明に把握できる。

一九七〇年、米国のＩＢＭがコンピューターの記憶装置への半導体メモリ搭載を発表した。それ以降、記録媒体としてＤＲＡＭ《ディーラム》（ダイナミック・ランダム・アクセス・メモリ）の活用が進み、世界のメモリ市場が急速に形成された。当初、ＤＲＡＭ市場では、インテルをはじめ米国勢が圧倒的なシェアを押さえた。その後、徐々に力を付けたのが日立製作所、ＮＥＣ、東芝をはじめとする、わが国の電機メーカーだ。

こうして一九八〇年代半ば、わが国のＤＲＡＭ市場シェアは八〇％台に達した。それは、わが国のメモリ技術が米国を追い抜き、世界のトップに立ったことを象徴する出来事だった。

その状況を受けて、インテルなどは、かなりの脅威を感じたはずだ。インテルはメモリ事業から撤退すると同時にＣＰＵ（中央演算処理装置）の開発に取り組んだ。それはつまり、米国内で日本製メモリの品質が高いとの評価がなされたことを示している。しかも、わが国のメモリ製品は、米国製メモリよりも価格競争力があった。

同時に米国の産業界では、わが国の電機メーカーが国内の閉鎖的市場を強みにして一気に生産能力を高め、メモリ半導体市場でのシェアを獲得し、不当利益を得ているとの批判を強めた。そうして米国のＳＩＡ（米国半導体工業会）はＵＳＴＲ（米国通商代表部）に、わが国を提訴した。その他にも、業界団体から政府への陳情が増え、これが日米の半導体摩擦につながった。

端的にいえば、米国が、わが国が世界経済に対して影響力を強めることを恐れた結果だといえる。それは、一九六〇年代の繊維、一九七〇年代の鉄鋼、一九八〇年代の家電製品や自動車などをめぐる日米の通商摩擦にも当てはまる。

当時のロナルド・レーガン政権は、わが国がメモリ半導体のダンピング（不当廉売）を行っていると主張し、対日圧力を強めた。具体的には、国内市場の開放や内需の拡大などが要求に上がった。こうして一九八六年九月、わが国は、これら要求に配慮し、「日米半導体協定」を締結したのだ。

これに合わせて日本は、米国と、協定遵守《じゅんしゅ》などに関するサイドレターを作成した。このなかで米国は、わが国の市場において外国企業の製造する半導体の販売が五年間で二〇%を上回ることを期待した。わが国も、こうした米国の要望あるいは期待を認識した。なお、この書簡の内容は、外務省が「外交記録公開」として開示している。

しかし翌一九八七年、米国は期待通りに自国製品のシェアが伸びていないと批判を強めた。これを受け、同年四月、レーガン政権は対日制裁関税を発動するなど圧力を引き上げた。

その後も米国からの圧力は続いた。一九九一年七月、当初の協定が期限を迎えたことを受けて、日米半導体協定は第二次協定に移行した。あくまでも米国は、日本が市場を開放し、外国企業が手掛けた半導体製品のシェア二〇%を達成することにこだわった。

米国の強い圧力に直面し、わが国の企業は打開策を講じた。その一つとして、韓国に対する技術供与が重要な役割を担ったと見られる。つまり、わが国の電機業界は、米国の圧力をかわすために韓国など新興国に技術を供与し、それによって国際市場でのシェアを維持しようとした。その一例として一九九二年には、当時の東芝が、サムスン電子にNAN《ナン》D《ド》型フラッシュメモリの技術を供与した。

一九九〇年代初頭、わが国ではバブルが崩壊し、急速に経済環境が悪化した。不良債権問題の深刻化や内需の冷え込みなどを受け、わが国では、電機業界を中心に企業が守りの姿勢を固めた。その結果、より成長期待の高い分野に経営資源を再配分することよりも、雇用の保護をはじめとする現状維持の発想が上回った。

そのなかで、多くのエンジニアや研究者たちが、自らの力を発揮しづらい状況に不満や鬱憤《うっぷん》を募《つの》らせたことは想像に難くない。円高の進行も、わが国の企業の体力を奪った。こうして韓国企業は、わが国のテクノロジーや生産技術、資材、さらには人材を取り込んで、DRAMなどのメモリ半導体や液晶パネルの生産力を高めたのだ。

それは、一九八〇年代から半導体産業の育成を重視してきた韓国にとって、大きな追い風となっただろう。ある意味、韓国は日米半導体摩擦の「漁夫《ぎょふ》の利《り》」を得る形で、自国の産業基盤を強化したといえる。

その後、サムスン電子はDRAMなどの生産能力を増強し、低価格での供給体制を整え、世界シェアを獲得した。一九九八年には日韓のDRAMシェアが逆転し、韓国経済に占めるメモリ半導体の重要性は高まった。

ただし、シェアは高まったものの、韓国はフッ化水素をはじめとする半導体の生産に欠かせない高品位の素材などを、わが国に依存した。韓国の半導体業界は、自力で新しい取り組みを進めるというよりも、わが国の経営資源に依存してきたともいえる。

しかし、この発想で今後、韓国経済が成長を目指すことは難しい。なぜなら、一九九〇年代に韓国半導体業界がわが国に追いついたように、韓国は現在、中国のIT先端企業から猛烈な勢いで追い上げられている。中国が経済成長の限界を迎えたことを考えると、韓国と中国の関係は補完的なものから、より競争的なものに変化していく。

さらに、IoT（モノのインターネット化）やAI（人工知能）の活用が進むとともに、メモリ半導体はさることながら、高性能かつ超小型のプロセッサ開発競争が、熾烈化《しれつか》している。それは、データを記録するメモリ半導体の開発とは異なる類《たぐ》いのものだ。

サムスン電子は半導体に次ぐ成長分野を見いだせていない。これは、韓国が日本の経営資源に依存して価格競争力を付けはしたものの、半導体に次ぐ成長産業を育成できていないことの裏返しといえる。

中国への半導体輸出などに頼った成長が困難となるなか、将来の経済的な安定をどう実現するか、韓国の政府が明確な方策を確立できていないことが心配である。

第二章　韓国という隣人の不思議な行動原理

＊韓国にはびこる「恨」の正体

韓国の政治や経済に関する動きを見ていると、「なぜこうなるのだろう」と不思議に思うことが多い。その背景の一つに、長きにわたって社会心理に蓄積されてきた「恨《ハン》」がある。

歴史を振り返ると、朝鮮半島は繰り返し大国の圧力に直面してきた。当然、抑圧されることに対して人々は不満を感じる。その心理が強くなると、支配者に対する批判や、自らの境遇を恨《うら》めしく思う気持ちが募《つの》る。何世紀にもわたって大国に抑圧された韓国では、恨みの心理が、簡単には解消できない岩盤のようなものとして、社会に影響してきたと考えられる。

歴史は、人々の生き方に決定的な影響を与える。たとえば日本では、「和を以《もっ》て貴《とうと》しとなす」などという考え方が古くから尊重され、それが人々の行動様式を支えている。その背景には、国土の四方を海洋に囲まれ、同質性の高い社会が形成されてきたなどの要因があるのだろう。これは、米国など諸外国の文化とは異なる。

このように、その地域や国における人々の生き方が脈々と受け継がれることによって社会心理が形成され、政治や経済の運営に大きな影響を与える。

一三世紀、朝鮮半島（高麗《こうらい》）は元《げん》に侵略され、支配下に入った。元が衰退するとともに李氏朝鮮の時代を迎え、次は明《みん》からの影響を受けた。また、一六世紀には豊臣秀吉《とよとみひでよし》による侵略を受けた。その後、一七世紀に入ると朝鮮半島は清《しん》の影響下に入った。一九世紀には、清、ロシア、日本が朝鮮半島を巡って対立した。そして第二次世界大戦後、朝鮮半島は三八度線で分断され、社会主義（旧ソ連・中国）勢力と、自由主義（米国など）勢力がぶつかり合う舞台となった。

これらは韓国（朝鮮半島）における抑圧の歴史の一部に過ぎない。第二次世界大戦が終結するまで人々は、支配者に立ち向かい自由を手に入れようとしたが、それは容易なことではなかった。さらに、いまなお韓国と北朝鮮は、米国の利害と中国およびロシアの利害を反映した緩衝国《かんしょうこく》として対峙《たいじ》している。こうした歴史が、韓国の社会心理において、様々なことに対する「恨」の意識を人々に植え付けてきた可能性は高い。

抑圧されると、人々は反発する。反発してもどうにもならないと、何とかして鬱憤《うっぷん》や不満、そして恨みのはけ口を探さなければならない。反日感情はその一つだろう。

韓国の政治を見ていると、新しい政権が発足して一定の期間が経過すると、徐々に政権がレームダック（死に体）化することが多い。たとえば経済を中心に政策運営が行き詰まると、政治家は労働組合や市民団体などの支持基盤からの凄《すさ》まじい批判や怒りに直面する。状況によっては、デモが政権の維持を困難にする。

それを回避するために、韓国の政治家は反日姿勢を鮮明に示し、人々の目を国内から海外に向けさせようとしてきた。国家の最高権力者である大統領が日本への強硬姿勢をとると、支持率が上向くことがある。これは、為政者が社会の恨みを自分から遠ざけ、身を守るために重要だ。このように考えると、韓国人のなかにある反日感情は、そう簡単に解消できるものではないだろう。

また韓国国内でも、様々な「恨」の心理が激突し続けてきた。経営者と労働者、市民団体と為政者などの対立が繰り返されてきた。

先述の通り第二次世界大戦後の韓国経済は、財閥による寡占化《かせんか》が進んだ。そのため、財閥の創業家一族を中心に、ごく一握りの層に富や政治的影響力の集中が進んだ。少しでもその影響下に入ろうとするなら、熾烈《しれつ》な受験競争に勝ち残らなければならない。それには、幼い時から学習塾に通うなど、多大な費用がかかる。ところが受験競争に勝ち残り、名門大学に入ったとしても、コネの有無によって就職の可能性は大きく異なる……。

このため韓国では、政治家、官僚、企業経営者の子どもが、不正に大学などに入学するケースが相次いできた。文在寅政権下では、曺《チョグク》国前法相の娘が大学および大学院に不正入学していた疑惑が浮上し、私文書偽造の容疑などで、曺氏の妻が逮捕された。その他にも曺氏に関しては、収賄のもみ消しや不正投資など、数々の疑惑が浮上した。同氏の場合、剝《む》いても剝いても中身が出てくるタマネギのように次から次に疑惑が出てくるため、「タマネギ男」と揶揄《やゆ》されたほどだ。

同時に、疑惑にまみれた曺氏を強硬に法相に任命した背景には、左派として保守派との勢力争いを有利に進めようとする文大統領の意向も強く影響したはずだ。端的にいって文大統領は、検察改革を進め、左派の政権基盤を盤石《ばんじゃく》のものとしたかっただろう。

つまり政治の場でも、左派と保守派、それぞれの勢力のあいだで「恨」の対立が連鎖し、一方が政権をとれば過去の恨みを晴らすために他方を徹底的に叩くという構図が、ずっと繰り返されてきたのだ。

「恨」の社会心理は、韓国という国の意思決定までも左右する。韓国では、大統領は満一九歳以上の有権者による直接選挙によって選ばれる。民主主義政治の機能の一つは、多数決の論理によって多様な利害を調整し、国をまとめ、一つの目指すべき方向に導くことにある。

しかし、韓国の朴槿恵前大統領は、事実上、一部有権者のデモに影響される形で罷免《ひめん》された。知人の国政介入などスキャンダルの真相を検察が調査し、大統領の責任を客観的かつ冷静に解明するよりも前に、デモに押される形で、韓国の憲法裁判所は大統領の弾劾《だんがい》を認めたように見える。

これは、本来ある民主主義とはかなり異なっているだろう。朴前大統領の罷免は、社会全体に「恨」の心理が強すぎるがため、政治や司法までもが常に世論に配慮しなければならない韓国社会の特徴の一つを、よく示しているように映る。

✻なぜ国際社会の常識を無視するのか

韓国の社会心理には、時として、国際社会の常識や良識を無視するという側面もある。北朝鮮に対する文在寅大統領の政策スタンスは危ういと考える安全保障の専門家は少なくない。そのため長い目で見たとき、国際社会のルールを守らない韓国は、かなり深刻な状況に直面するかもしれない。

私たちの日常生活を考えてみよう。約束を守らない人は信用できない。たとえば、借りたお金を返さない人に、お金を貸すことはできない。やるといったことを実行しない人に何かを依頼することはできない。それが社会の常識だ。ルールを守れない人は信頼されない。これは老若男女を問わず、当たり前のことである。

国際社会でも基本は同じ。多くの国で約束したことをしっかりと守り、実行することが、国家としての信頼を獲得することにつながる。

しかし、国際的な約束事に関し、韓国の発想は異なるようだ。一つの例として、米国を中心に国際社会が取りまとめて実行に移した北朝鮮制裁に関する対応を確認しよう。それによって、韓国が国際社会の約束を遵守《じゅんしゅ》するよりも、自国の行動原理を尊重していることが分かるはずだ。

二〇一六年以降、国連は、北朝鮮による核実験の実施や大陸間弾道ミサイル（ICBM）の発射などを受け、制裁を強化した。当初の制裁内容は、北朝鮮向けの航空燃料の輸出を原則的に禁止したり、北朝鮮の主要輸出品目である石炭の中国向け輸出を一定の水準に抑えたりするというものだった。

しかし二〇一七年に入ると、軍事挑発の増加を受けて制裁が強化され、北朝鮮の団体や個人の資産凍結、北朝鮮の主な収入源である石炭や海産物の輸出全面禁止が決定された。

さらには、北朝鮮に対する石油関連製品の輸出を年九割削減すること、産業機械や運搬用車両の輸出を全面的に禁止することが決められた。

韓国は国連加盟国である。また、韓国は北朝鮮と国境を接しており、弾道ミサイル発射や核実験は、自国の安全保障を脅かす。二〇一〇年には、北朝鮮が延坪島《ヨンピョンド》を砲撃し、韓国側に死傷者が発生した。常識的に考えれば、韓国は米国との安全保障を強化する必要がある。そのために、国連が決議した内容を遵守するのは当然だろう。

また、国際政治や安全保障の専門家のあいだでは、北朝鮮の核開発を封じ込めるためには、圧力を用いつつ外交での交渉を目指すことが重要であるとの見方が多い。特に金正恩朝鮮労働党委員長は、一時、金王朝とも呼ばれる独裁政権の庇護者である中国の意向にも耳を貸さず、瀬戸際外交を進めた。それだけに、二〇一七年末にかけて中国が米国に歩み寄り、北朝鮮の石炭などの輸出に制裁がかけられたことは重要だった。

これによって、北朝鮮から核兵器を開発する力を奪う。そのうえで、国際社会が北朝鮮と交渉を進めることが、金王朝の暴走を抑えるためには欠かせない。それは、北朝鮮と対《たい》峙《じ》してきた韓国が一番よく分かっていることだろう。

しかし、時として韓国は、こうした国際社会の常識に背を向けることがある。その一例が、北朝鮮の船舶が洋上で「瀬取り」と呼ばれる船荷の積み渡しを行ったことに対する文政権の対応だ。

本来であれば、韓国は制裁逃れを取り締まるうえで重要な役割を担う。北朝鮮との距離が近いだけに、韓国が厳正な姿勢で北朝鮮の制裁逃れを取り締まることは重要だ。多くの国も、韓国にそうした役割を期待しているだろう。これに対して、文政権の対応は、かなり異なっている。

二〇一七年九月、東シナ海上において、韓国船籍のタンカーが約四三〇〇トンの石油精製品を北朝鮮の船舶に積み替えたことが発覚した。これが国連の制裁決議に対する違反行為との疑いが持たれたことはいうまでもない。

ポイントは、韓国ではなく、米国からの通報によって韓国船籍の船舶が瀬取りに加担していた事実が発覚したことだ。米国からの情報提供を受け、韓国当局は捜査に着手した。米国は日本と連携して瀬取りの取り締まりを行い、韓国にもその連携に加わるよう求めていた。そのなかで、こうした案件が浮上したことは見逃せない。

その後、米国は自らの力で北朝鮮制裁の完全実施に取り組まざるを得なくなった。文政権下の韓国は、米国にとって当てにできない存在、あるいは困った国と化してしまったといえる。二〇一九年三月に、米国沿岸警備隊の大型警備艦「バーソルフ」が太平洋を航海して韓国に派遣され、東シナ海での瀬取り監視任務に就いたのは、米国が韓国を信頼しなくなったことを示唆《しさ》している。

この「バーソルフ」は米国海軍の艦船ではない。本来、米国の沿岸警備に当たるのがその任務だ。それが派遣されたことは、米国が韓国の北朝鮮に対する姿勢にかなりの危機感や不信感を募らせたことを示す。米国以外にも、オーストラリア、フランス、カナダなどが航空機を用いた監視活動に従事し、英国も艦艇を派遣して、瀬取りの監視に取り組んだ。

また、国連による制裁が進められているにもかかわらず、文大統領は金剛山《クムガンサン》の観光事業をはじめとする北朝鮮との経済協力を推進しようとした。

北朝鮮はこうした韓国の姿勢を非難、さらには無視しているが、それでも韓国の北朝鮮重視の姿勢は続いている。韓国と主要先進国の北朝鮮に対する姿勢には、かなりの温度差があるといえる。

冷静に考えると、韓国が北朝鮮と経済協力を進めることは、国際社会が課した制裁に反する、すなわち北朝鮮の外貨獲得を助ける恐れがある。万が一、北朝鮮が南北の経済協力を足掛かりにして外貨を調達できるようになれば、旧社会主義圏に属していた国からミサイル開発や核開発に必要な資材などが提供され、国際社会の安定が損なわれることになる。こうした考えに基づき、韓国の北朝鮮政策は国連制裁に抵触する恐れがあると指摘する安全保障の専門家も多い。

極めつきは、韓国の文大統領が米国のトランプ大統領に「文在寅という人は信用できない」といわれてしまったことだ。

これは、二〇一九年八月のG7サミット（主要七ヵ国首脳会議）でのトランプ大統領の発言だ。そのうえ、トランプ氏は「なぜ、あんな人が大統領になったのだろうか」とまで各国の首脳らに問いかけたという。

当時、韓国はわが国との軍事情報包括保護協定（GSOMIA）を破棄すると決定した。それを受け、米国の韓国に対する不信感は、これまでにないほど高まったといえよう。

自国の安全保障に欠かせない日米との関係を冷え込ませてしまったということは、韓国が国際社会の常識を無視し、その時々の社会心理にとって都合が良いように振る舞ってきたことを象徴しているように見える。

✳韓国人という駄々っ子の素顔

国際社会における韓国の振る舞いを見ていると「駄々をこねる子ども」のような印象を持つ。親をはじめ周囲の大人にいうことを聞いてもらえないからと駄々をこねる子どもの姿を街中で見かけると、国際社会における韓国の行動様式は、まさにそれと同じだと感じる。

韓国のある友人は、自国の社会心理には「熱しやすく冷めやすい」という特徴があるといっていた。韓国人には、気に入らないことがあると一気に感情論に走り、海外の関心を引き付け、同情を得ようとするところがあるようだ。そうした心理も、駄々をこねる行動様式に影響を与えているだろう。

つまり、こちら側が論理的に正当性のある主張、すなわち科学的根拠（データによる裏付け）に基づいた主張や提案を行ったとしても、韓国が素直に受け入れると考えてはならない。相手側がいくら正当性のある主張を行ったとしても、韓国は自国の窮状を感情的に訴えることで周囲の同情を取り付け、身勝手な主張を通そうとする。実際、それが国際社会に受け入れられたケースがある。

二〇一九年四月、世界貿易機関（WTO）が福島県などの水産物輸入を禁止してきた韓国の措置《そち》を妥当とする最終判断を下したのは、その一例だ。

二〇一一年三月、東日本大震災の発生による原子力発電所事故を受け、韓国などは、わが国の水産物などに対する輸入規制を導入した。続く二〇一三年九月、韓国はその規制を強化し、福島県周辺の八県すべてからの水産物の輸入を禁止した。

そのため二〇一五年、わが国は韓国の措置が不当な差別であるとし、WTO協定が定める「紛争解決に係る規則および手続きに関する了解（Dispute Settlement Understanding：DSU）」に基づき、WTOに紛争解決のためのパネル（小委員会）の設置を求めた。そしてWTOのパネルは、わが国の主張を認めた。

パネルが認めた主なポイントは次の通りである。

①日本産の食品に科学的安全性が認められる。

②韓国が、WTO協定で定められている、輸入規制措置を強化する際に求められる周知義務等を果たさなかった。

③韓国の規制は恣意《しい》的・差別的であると認められる。

④韓国の措置は過度に貿易を制限する恐れがある。

この四点から確認できることは、WTOのパネルが日本の主張が科学的に正当であると認められるとの認識を明確に示し（①）、韓国が国際社会のルール（常識）を逸脱したこと、韓国の日本産水産物などへの規制が恣意的であること、WTOが認めない貿易を制限するものであることが明確にされた（②、③、④）。

しかし韓国という国は、自国の主張が受け入れられなかったことを素直に認めるような国ではない。韓国にとって③と④の主張が認められなかったことが、どうしても許せなかったのだろう。二〇一八年四月、韓国はパネルの決定を不服として上級委員会に上訴を行った。

すると上級委員会の審議の結果、第一審で認められた韓国の規制が恣意的かつ差別的であり貿易制限的な措置であるというパネルの判断が棄却された。額面通りに受け取ると、WTOは日本の主張の客観的な正当性を認めつつも、韓国の心情に基づく感情的な主張も認めたということになる。

まさに韓国は、WTO上級委員会および利害関係者などに泣きつくなどして、自国の立場や社会心理への影響などを訴えることで「同情」を取り付けたのだ。ある意味、韓国の情に流されるWTO関係者が増えたため、第一審とは異なり、わが国の主張の一部が棄却されるという事態になったと考えられる。

ＷＴＯ上級委員会の裁定は最終判断であり、さらなる上告はできない。それだけに、日本政府や水産関係者の驚きは相当なものだった。「第一審ですべての主張が認められたのに、なぜ上級委員会でそれが覆《くつがえ》るかが分からない」と感じた人も多いだろう。

見方を変えれば、韓国は自国の主張が正当ではないと客観的に認められたとしても、文句を言い続ければ何とかなると考えている節《ふし》がある。特に日本に対しては、そうした態度が顕著に出やすい。

その背景には、複数の要因があるはずだ。その一つは、朝鮮半島が世界の地政学リスクの要衝であることだろう。

第二次世界大戦終結以降、朝鮮半島は、中国や旧ソ連から支援を受けた北朝鮮と、米国をはじめ旧西側諸国の陣営に入った韓国が対峙してきた。ある意味、北朝鮮と韓国という二つの緩衝国《かんしょうこく》が存在することによって、米国と旧ソ連、あるいは米国と中国という世界のスーパーパワーが直《じか》に向き合う状況が回避されてきた。軍事的な小競《こぜ》り合《あ》いや、さらにはそれが本格的な衝突になるリスクも低減されてきた。

このように考えると、朝鮮半島において韓国が北朝鮮と向かい合う構図は、国際社会の安定に重要だと考えられる。そのため米国をはじめ主要国は、韓国の駄々には目をつむってきたといえるだろう。米国は、韓国の感情的、あるいは子どもじみた振る舞いを諭し、韓国が中国になびくような展開は避けなければならない。ゆえに韓国は、米国なら多少の文句は大目に見てくれると考え、自国の主張が受け入れられない場合には感情論に走り、他国からの同情を取り付けてきたといえる。

国際社会の意思決定は、多数決に基づく。データをそろえ、科学的に正しいと認められる主張を行ったからといって、通商面などでの紛争に勝てるとは限らない。主張の科学的な正当性に加えて重要なのが、関係者に周到な根回しや説明を行い、確実に納得と賛同が得られるよう取り組むことだ。

国際機関での勤務経験のある友人の一人は、「主張の裏付けとなるデータをそろえただけでは、国際社会における紛争を乗り越えることは難しい。それに加え、自国の世論の実情など、心情面からも何とかしてあげたいと思わせるような材料があれば、紛争解決を有利に進めやすくなるだろう」と話していた。

ＷＴＯの紛争解決において、わが国は準備不足だったのだろう。データをはじめ論理的に自国の主張の正当性を客観的に示し、それに加えて自国の事情を分かりやすく国際社会に伝えることができたならば、結果は違ったはずだ。当時、わが国にはその発想が不足していたのだ。それが、駄々をこねるが如《ごと》き韓国の主張が受け入れられてしまう余地を生むことになった。

＊安全保障を軽視して世界から孤立

また、韓国を見ていると、国家の安全保障を軽視していると思えてならない。この発想には、かなり危うい部分がある。

韓国の安全保障体制が揺らぎ、日米との連携に綻《ほころ》びが生じるならば、朝鮮半島情勢だけでなく、極東地域の不安定感も高まるだろう。それは、米中の対立などにつながり、国際社会の不安定要因をも増幅させる恐れがある。

しかし当事者である韓国は、自国の安全保障が国際社会に与えるリスクを十分に認識していないようだ。特に文政権下の韓国は、これまでにはないほど北朝鮮との統一を目指している。

その背景には、朝鮮半島の安定のためには、自国の安全保障の強化よりも、南北の平和的な関係の推進を目指すことが欠かせないという見方があるのだろう。また、朝鮮戦争を経験した人たちのなかには、南北に家族が離散してしまった人もいる。自分が生きているあいだに朝鮮半島が一つになり、北朝鮮にいる親族とともに暮らしたいというシニア層の願いも、左派政権下の韓国が南北統一を重視する一因だろう。

同時に、安全保障体制へのコミットメントは、その国が国際社会からの信頼を獲得し、維持していくために欠かせない。重要なことは、安全保障は、一定水準の約束を一度守れば、あとは好きにして良いというような問題ではないということだ。安全保障体制の安定と強化を目指すには、米国との関係の強化や国際社会のルール遵守など、不断の努力が欠かせない。それがなければ、国際社会からの信頼を維持することは難しいだろう。

特に、韓国のように輸出依存度が高く、ヒト・モノ・カネの調達を日本に依存してきた国にとって、安全保障体制の強化は、国家のリスク（＝カントリーリスク）の抑制に欠かせない。

さらに韓国の首都ソウルは、三八度線から四〇キロほどしか離れていない。このことを考えると、韓国にとって安全保障体制の維持は欠かせない。安全保障体制の不安が顕在化すれば、急速に資本が海外に流出し始めるからだ。

しかし、二〇一九年、安全保障を軽視する韓国の姿勢が鮮明となった。同年七月、わが国は半導体の生産に用いられるフッ化水素、レジスト（感光剤）、フッ化ポリイミドに関して、韓国への輸出手続きを厳格化した。具体的には、わが国は、韓国を優遇対象国（旧称ホワイト国）から外したのだ。同時に、先述の特定三品目を「包括輸出許可制度」の対象から外した。

それによって、これら三品目の韓国への輸出は個別に許可申請が必要になり、審査を受けなければならなくなる。なお包括輸出許可制度では、一度輸出の許可を取得すると、三年間は個別申請が免除される。

これは、規制の強化（新しく規制を制定し、経済活動を制限すること）ではない。実際、ＥＵは、韓国を輸出の最優遇国として扱ってはいない。わが国の措置は、韓国への輸出手続きを元の水準に戻すことに他ならない。ある意味では、それまで日本が、韓国に対して寛大に振る舞ってきたともいえる。

対韓輸出手続きの厳格化が実施されたのは、政府間の対話が難しいことに加え、韓国の輸出管理の体制が脆弱《ぜいじゃく》だとの懸念が浮上したためである。というのも、フッ化水素はサリンやＶＸガスなど化学兵器への転用が可能だ。政府間の対話が進まない状況下、安全保障面での連携に対する相手側の姿勢を確認することは難しい。そのなかで、軍事転用可能なモノの輸出を優遇し続けることはできない。

国際社会では、軍事転用が可能な品目の輸出を、当事国の判断で厳格に管理することが常識だ。それを韓国がとやかくいうのはお門違《かどちが》いといえる。

まさに、円滑な貿易取引の実現には、国際的な信頼関係が欠かせない。世界各国はこの認識を共有し、安全保障を重視した貿易取引の体制確立に取り組んできた。これを「国際輸出管理レジーム」と呼ぶ。

具体的には四つのグループが軍事転用可能な貨物の取引に関するルールを策定している。「原子力供給国グループ」は核物質などの貿易に関するルールをまとめ、「オーストラリア・グループ」は化学・生物兵器の拡散防止に努めている。また「ミサイル技術管理レジーム」はミサイルや無人航空機の取引に関するルールを担当し、「ワッセナー・アレンジメント」は武器および半導体をはじめとする汎用品が軍事転用されないよう、規制に取り組んでいる。わが国が対韓輸出管理を厳格化した背景には、国際社会での自由貿易体制の強化と安全保障体制の両立に対するコミットメントがある。

しかし、韓国はわが国に対抗し、日韓の軍事情報包括保護協定（GSOMIA）の見直しという通常では考えられない領域にまで踏み込んでしまった。日韓GSOMIAは、極東の安全保障を支えてきた日米韓の同盟関係を象徴する協定だ。言い換えれば、日韓ＧＳＯＭＩＡの破棄は、極東における米国を中心とした安全保障体制を脆弱化させる。それは、中国、北朝鮮、ロシアを勢いづかせることといえる。

二〇一九年七月、韓国が日韓ＧＳＯＭＩＡ破棄を検討し始めるなかで、米国のジョン・ボルトン大統領補佐官（当時）が訪韓した。韓国が身勝手な言動を繰り返し、さらには中国やロシアなどを利する可能性が高い日韓ＧＳＯＭＩＡ破棄の検討にまで着手してしまったからだ。米国の危機感はかなりのものだっただろう。米国は、安全保障体制に亀裂を生じさせる文政権を、何とか思いとどまらせようとしたのだ。

そのタイミングを見計らったかのように、中国とロシアの軍用機が韓国の防空識別圏に入った。特にロシア軍機は、竹島空域を飛行し、韓国軍機が警告射撃を行うことになった。中国とロシアは、文大統領の安全保障を軽視する姿勢を受けて、日米韓の安全保障体制の脆弱化を目指すと同時に、防空識別圏に侵入することで、韓国のレーダー網をはじめとする防衛能力を把握しようとしたと見られる。

韓国が日米との安全保障の連携に背を向ければ向けるほど、極東地域、および国際社会における韓国の孤立感は高まる。四面楚歌《しめんそか》というよりも、誰も韓国のことを信じなくなってしまう恐れがある。そのリスクを、韓国は、十分に理解できていないように思えてならない。

＊反日で支持を得る政治家の大罪

韓国にはびこる「恨」という社会心理や国際社会での常識無視を考える際に、彼らの反日姿勢も欠かせない要素となる。

特に韓国の政治家にとって、反日姿勢は、支持を獲得するための「伝家の宝刀」とでもいうべきものだろう。あるいは、反日姿勢が韓国の政治文化を形成する大きな要因の一つということもできる。

さらに韓国は、自国が窮状に陥ったときには、日本をはじめ国際社会に救済を求める。それに対して日本が色よい返事をしないと、それを強く批判し、さらに反日姿勢に勢いがつく。その一つの例として、一九九三年から一九九八年まで韓国大統領を務めた金泳三《キムヨンサム》大統領の言動がある。

当初から金泳三氏は、歴史問題などを理由に、わが国に対して強硬な姿勢をとった。その姿勢を象徴するのが、同氏の「日本の悪い癖を直す」との発言だ。韓国政治の専門家の解説では、この発言はかなり過激なニュアンスを持っていた。いずれにせよ、国際政治の場で相手国の悪い癖を自分が直してやろうと発言するのは、かなり異例なことだろう。

一九九七年、金泳三政権下の韓国は、タイを震源地として各国に広がったアジア通貨危機に直撃された。同時に、当時の韓国政府内では、中央銀行や政府関係者が自国の資金繰りの苦しさを金泳三大統領に報告していなかったことが明らかになっている。それは、政権末期になって次の選挙が近づくなかで、官僚らが責任を逃れたかったからではないか。

大統領に就任以降、金泳三政権は反日姿勢を強めつつ、中国に接近した。それを米国が警戒したことはいうまでもない。その結果、アジア通貨危機に直撃された韓国からの救済要請に対して米国のビル・クリントン政権（当時）は、ＩＭＦ（国際通貨基金）からの支援を得るべきと、救済要請に真正面からは応じなかった。

このとき韓国は、水面下で、わが国に資金援助を求めたが、日韓・米韓関係の冷え込みなどから支援は見送られたようだ。最終的に韓国は、ＩＭＦの支援を取り付けて、財政運営を継続することになる。

この通貨危機が発生した原因は、外部環境が不安定化するなかで、韓国の不良債権が増加したことにある。企業と金融機関の資金繰りが悪化し、資金が海外に急速に流出した。

リスクが高まった国から各国の投資家や企業が資金を引き揚げるのは当然だ。しかし、韓国の世論には、日本の金融機関が韓国向けの融資を回収したことが経済危機に陥った大きな要因との見方があるようだ。実際、そうした報道もなされている。

もし、当時の政府が冷静に、感情を排して日米との関係を構築しようとしていたなら、アジア通貨危機時の韓国に対する日米の対応は異なっていただろう。にもかかわらず、金泳三政権はそうした行動はとり得なかったのではないか。「文民政権」を標榜《ひょうぼう》した同政権は、軍事政権とは対照的な政策を進め、米国と距離をとり、反日姿勢を鮮明化することで、世論の支持をつなぎ留めなければならなかったのだろう。

その後、二〇〇〇年代に入ってからも、政権交代のたびに反日姿勢を表明することで、韓国の大統領は急場をしのごうとしてきた。こうした韓国の大統領の支持率を見ていると、当選直後は、その支持率が高い。しかし新政権が発足して数年たつと徐々に支持率が低下し、世論からの批判が強まる。その背景の一つには、公約の実現が難しいことがあるだろう。

まず、経済政策に関し、各政権が改革を訴えはしたものの、財閥系企業による寡占が進んだため、改革を真剣に進めることができなかった。唯一、改革を進めることができたのは、アジア通貨危機によって経済が疲弊《ひへい》した際に大統領に就任した金大中氏だろう。金大中氏の場合、経済改革を進めて経済を立て直すしか方法がなかった、ともいえる。

世論の不満をかわすために、盧武鉉、李明博、朴槿恵の各政権は、政治思想が違うにもかかわらず、反日姿勢をとった。第二次世界大戦後に生まれた人が増えているにもかかわらず政治家が反日姿勢をとり、それに呼応するかのように大統領支持率が上向いたことを考えると、韓国の政治家にとって反日姿勢の表明は、急場をしのぐための切り札のようなものなのだろう。

二〇一七年の大統領選挙で当選した文在寅氏の反日姿勢は、さらに強烈だ。文大統領は過去の負の側面を一掃するという意味の「積弊清算《せきへいせいさん》」を掲げ、わが国に対して元徴用工問題などへの対応を迫っている。二〇一八年一〇月には、韓国の最高裁に当たる大法院が元徴用工問題に関し、当時の新日本製鐵（現・日本製鉄）に賠償命令を下し、翌月には三菱重工業にも賠償命令が出された。

ただ、過去の国家間協定を基に考えると、この司法判断はあり得ない。

一九六五年、日韓請求権協定が締結され、日韓の国交は正常化した。請求権協定は、わが国が韓国に無償三億ドル、有償二億ドルの経済協力を約束することを定めた。また、国家や法人を含む国民の権利、利益、請求権に関する問題が「完全かつ最終的に解決」され、いかなる主張もできないことを明確に定めている。さらに二〇一五年には、日韓間で慰安婦問題に関し、両国政府が「最終的かつ不可逆的に解決」されたことも確認した。

この事実に基づくと、司法判断ゆえに元徴用工への賠償命令には立ち入れないと主張し、原告団の主張を静観する文大統領の姿勢は、通常では考えられない。さらに文大統領は、「日本に対する個人の請求権は消滅していない」と述べている。これは、日韓請求権協定の無効化を念頭に置いた発言とさえ受け止められる。さらには日韓GSOMIAの破棄検討など、文大統領の反日姿勢は、とどまるところを知らない。

このように、韓国政界における反日は、政治運営に欠かせない要素の一つと化している。今後、新型コロナウイルス感染症や中国経済の減速などの影響を受けて韓国の経済環境が不安定になれば、韓国の政治家は、「韓国経済が混乱した一因は、日本が通貨スワップ協定を延長しなかったことや、半導体材料の輸出管理を厳格化したからだ」などと、一方的な主張を繰り広げる可能性がある。

過去のパターンを基に考えると、今後も韓国の世論は、反日姿勢を鮮明に示す政治家を評価するだろう。同時に韓国は、中国をはじめ世界各国にも同様の主張を行うことで、同情を得ようとするだろう。

わが国から見ていると、距離的に近い韓国が、心理的にはまったく理解できない。近づこうにも近づくことの難しい、ますます離れた印象のある国と化してしまうようにさえ思える。

状況が悪化すれば、韓国は感情的になってわが国を批判し、様々な難癖《なんくせ》をつけるだろう。わが国が取り組まなければならないことは、駄々をこねるような一方的な韓国の態度を真剣に受け止めるのではなく、論理的に事態の改善を目指すことだ。

＊韓国には冷静に接しアジア新興国とは親密に

ＷＴＯの第一審が日本の主張を認めたにもかかわらず、上級委員会がそれを覆す裁定を下したり、韓国が日韓請求権協定などを無視して日本のことを一方的に非難したりするケースに直面すると、反論したくなるのは当然だ。

しかし、わが国が相手の感情論に反発し、同じく感情的な対応に出ることは、避けなければならない。わが国が韓国のことを非難するなどすれば、韓国の反日感情はさらに苛烈なものとなるだろう。

感情的に振る舞う相手にこそ、大人の対応が大切だ。わが国は、韓国のことは放っておけば良い。感情論を振りかざす韓国に対して日本は、過去の問題が政府間の約束によって「最終的かつ不可逆的に解決」された事実を、冷静に伝えることだけにとどめれば良い。

それよりも重要なことは、より多くの国から日本への支持を得ることだ。国際社会の意思決定は多数決の論理に基づく。元徴用工の問題などが最終的に解決され、蒸し返すことのできない問題であるとの確たる理解を、日本は一つでも多くの国から得なければならない。

具体的な方策としては、アジアの新興国を中心に、わが国との政治・経済面での連携を強化することが考えられる。近年の世界経済を見ていると、米国や英国、ドイツ、フランスなどの欧州各国を中心に、グローバル化によって海外に流出した自国の産業基盤などを国内に連れ戻そうとする社会心理が強くなってきた。

しかし、これは持続可能な発想ではないだろう。世界経済の歴史を紐解《ひもと》くと、それは常に海外への進出、あるいは海外との連携の強化によって、経済の成長と安定が目指されてきた。わが国は、アジア新興国などと多国間の経済連携協定を結び、その域内で、ヒト、モノ、カネが活発かつ自由に移動する環境の整備に取り組むべきだ。

新興国の人々と話をしていると、わが国への憧《あこが》れが強いことが分かる。自動車や化粧品だけでなく、筆記用具や台所用品などの日用品、さらには日本の文化に魅力を感じる人は多い。そうした需要があるからこそ、一部の日本企業は、品質の維持と向上のために、海外に置いてきた生産拠点を国内に戻している。

長期的に考えると、新興国の経済成長率は、相対的に高い水準を維持する可能性がある。それに伴う所得の向上は、わが国のモノやサービスを堪能《たんのう》したいという新興国の人々の欲求をさらに掻《か》き立てるだろう。わが国は経済連携を深化させることによって、そうした需要を取り込むことができる。

わが国とアジア新興国との経済連携の強化は、アジア地域全体の経済や金融市場の基盤強化にも重要な役割を果たすだろう。特に、金融面において日本が貢献できる点は多いはずだ。なぜなら、わが国は中国などと異なり、経済全体での債務問題を解消したからだ。それだけ財務的な体力のある金融機関や企業が多い。

政府は、アジア新興国との通貨スワップ協定などを強化したり、デジタル通貨の研究開発を共同で進めたりすることによって、各国の金融市場の安定性と取引にかかるコストの低減を目指す。それができれば、わが国の企業は、従来以上にアジア新興国に進出しやすくなるだろう。

いまなおアジア新興国は、自国からの資本流出を警戒し、資本規制を敷いている。また、通貨が大幅に下落すると為替介入を余儀なくされる国もある。わが国が経済連携を進めつつ、各国の資本市場の安定性向上に取り組むことは、アジア新興国から高く評価されることになる。

そうした取り組みは、親日国を確保することに他ならない。つまりアジア新興国が、「社会と経済の安定と発展に欠かせない信頼できるパートナーこそ日本だ」とした確固たる認識を持つことが重要だ。それができれば、アジア地域において、日韓の問題をはじめ、わが国の主張を支持する国は増えるだろう。

アジア新興国から親日国が増えることは、国際社会におけるわが国の発言力をも高めることになる。アジア新興国は今後の世界経済の成長を支えるダイナミズムの源泉でもある。

一方、中国が二一世紀のシルクロード経済圏構想たる「一帯一路」を推進しているのは、自国と欧州までを陸路と海路で結ぶ広域な経済圏を構築し、各国の需要を取り込むためだ。そのために、中国は南シナ海に進出するなどしている。

米国との安全保障を基礎とする日本が、アジア新興国と多国間で経済連携を推進することは、そうした中国の対外進出に対する牽制の役割を果たす。そして、より公平、かつ自由度の高い市場の形成を目指すことにもつながるだろう。また、その取り組みに米国や欧州各国を巻き込むことによって、わが国は世界経済の安定に大きな役割を果たすことができるはずだ。

そのための具体的な方策を取りまとめ、アジア新興国などとの経済連携に向けた協議を着実に重ねることこそが、わが国の信頼感を高め、親日国を確保することにつながる。すると、日韓関係に関するわが国の主張も世界各国にしっかりと受け入れられるだろう。それが、わが国が韓国とうまく付き合うための重要な方策になると考える。

第三章　歪な韓国経済の構造

＊輸出依存度の高さが致命的な弱点に

第三章では、韓国経済の構造的な特徴や、解決が難しいと見られる問題に焦点を当てる。

韓国経済には、輸出依存度が高いという特徴がある。輸出依存度とは、GDPに占める輸出の割合を示している。近年では、韓国の輸出の約三〇％が香港《ホンコン》を含む中国向けだ。また輸出依存度が高いということは、輸出がGDP成長に与える影響が大きいと言い換えられる。端的に述べれば、輸出は韓国経済の原動力だ。

よって、輸出が増加基調にある場合、韓国の景気は相応に良いことが多い。また、輸出への依存度が高いということは、韓国経済が世界経済の変化に大きく影響されやすいことを示唆する。

図表9から分かるように、一九七〇年代から、韓国の輸出依存度は上昇してきた。一九九〇年代に入ると、天安門事件に端を発する中国経済の減速などの影響から輸出依存度は低下したものの、アジア通貨危機、リーマンショックを挟んで、輸出依存度は上昇傾向となった。

図表９　輸出依存度の推移

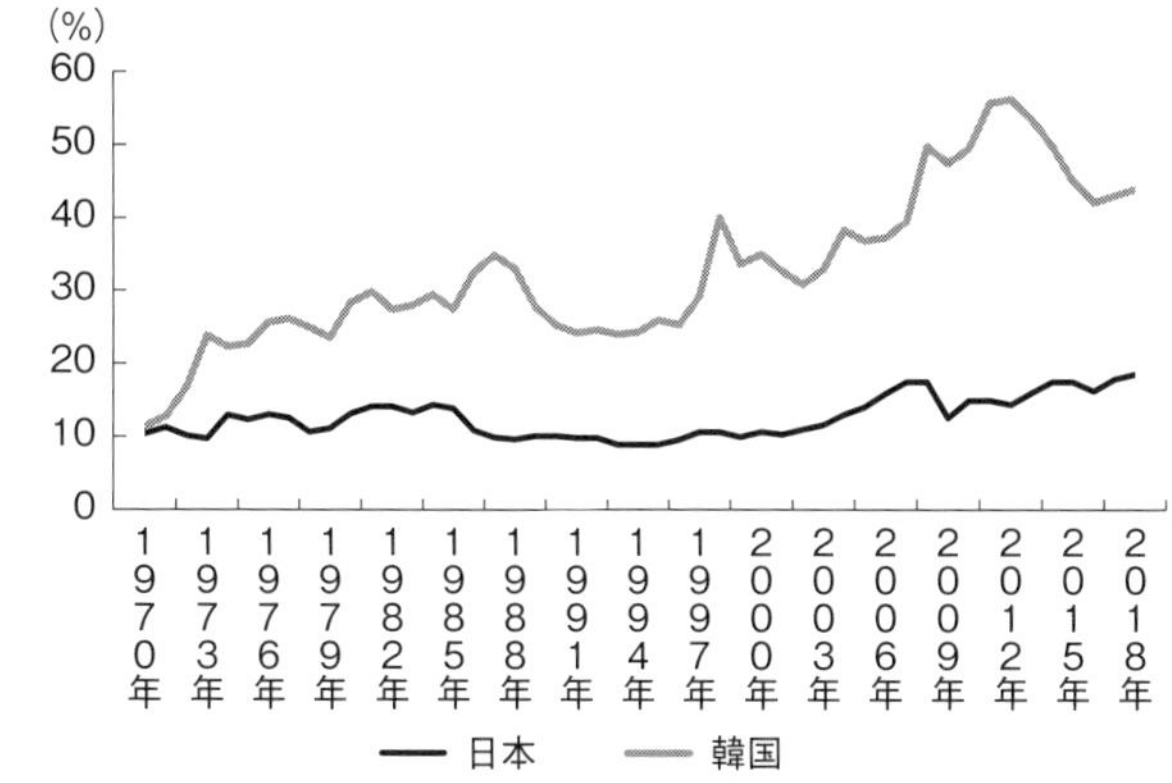

出所：世界銀行資料

二〇一二年頃から輸出依存度が低下しているのは、中国で鉄鋼や造船などの過剰生産能力が拡大したことに大きく影響されていると考えられる。これは、わが国の経済成長の歴史とはかなり異なっている。概《おおむ》ね、わが国の輸出依存度は一〇～二〇％の範囲で推移している。

　輸出依存度の高さは、その国の経済が、海外の需要の変化に大きく影響されやすいことを示している。米国や中国を中心に、世界経済が緩やかな回復局面にある場合、韓国は寡占化が進んだ経済環境を生かして特定の企業の輸出競争力を高め、輸出の拡大を目指す。

　その結果、サムスン電子の半導体などの

輸出が増加し、景況感が上向き、株価も上昇する。特に、公共事業などの景気対策を受けて中国経済が上向き始めると、韓国の景況感も相応のスピードで改善することがある。

本来であれば、それに伴って政府が公平な所得の再分配を目指し、内需の拡大を支えられるようになれば良い。それができれば、経済の安定感は高まるはずだ。政府が税制や規制の改革、さらには新しいルールの策定によって、輸出で得られた富が社会全体に行き渡るよう環境を整備する。そうした政策が進むと、国内での起業が促進されるだろう。

こうして起業が増えれば雇用機会が創出され、所得と雇用の厚みが増す。それが内需の安定と拡大を支える。内需の厚みが増すにつれ輸出依存度を低下させることもできるはずだ。

しかし韓国の輸出依存度が上昇してきたことは、輸出によって獲得した富が内需拡大につながりづらい経済構造ができあがっていることを示す。その証拠に、二〇一八年以降、米中の通商摩擦が激化して世界の貿易取引が大きく落ち込むに伴い、韓国の景況感は急速に悪化してしまった。

二〇二〇年春の時点で、韓国経済が一段と減速する可能性は高まりつつあった。中国経済の減速に加え、新型コロナウイルス感染症が拡大したことを受けて、世界経済全体で人の移動が大きく制限されてしまったからだ。人の移動が制限されれば、生産活動、消費活動、金融取引など、広範な経済活動に支障が出る。そのなかで韓国が輸出の増加を目指すことは、かなり難しい。

また、新型コロナウイルス感染症によって世界のサプライチェーンが混乱し、寸断されている。韓国がモノを造り輸出するためには、資材を海外から輸入しなければならない。当たり前だが、資材が調達できなければ、生産活動を進めることはできない。輸出依存度が高いことを掘り下げて考えると、外需に加え、世界に張り巡らされたサプライチェーンの動向が韓国経済に大きく影響することが分かる。海外から資材を仕入れ、国内で生産されたモノを輸出するという経済運営の体制は、非常に不安定である。

さらに、輸出依存度の高さを別の角度から考えると、韓国の経済は、世界経済全体の変化に対する感応度が高いということになる。これは、世界経済の先行きの変化を考えるうえで有用な視座となるだろう。特に韓国のサムスン電子の業績動向は、韓国経済だけでなく、世界経済の先行きを考えるうえで重要だ。

半導体を中心にサムスン電子の業績が拡大する場合は、世界経済は相応に安定している可能性が高い。半導体は「産業の米」といわれるほど、家電、自動車、機械など様々な製

図表10　韓国の輸出額の推移

出所：韓国貿易協会資料

品に用いられ、世界全体の経済活動と密接に関わっている。それだけに、韓国の輸出動向をはじめとする景況感は、世界経済が上向いているか下向いているか、さらには、米国の通商政策に関して世界の企業がどのような見方を示しているか、それを確認する良い材料となる。

図表10から分かるように、二〇一六年から二〇一八年まで、韓国の輸出は増加基調で推移した。この背景には複数の要因が考えられる。

一つは、世界的にビッグデータの収集や分析の重要性が高まったこと。また、二〇一五年に中国がＩＴ先端分野を中心とする産業振興策である「中国製造二〇二五」を策定したことである。そして、中国政府の景気対策なども、韓国の輸出の持ち直しを支えた。

それに伴って韓国の輸出が増加した。この間、二〇一六年の米国大統領選挙におけるトランプ大統領の誕生という想定外の展開はあったものの、世界経済は概ね安定して推移した。

対照的に、二〇一八年以降は、世界第二位の経済大国である中国経済の成長の限界が鮮明となった。それに合わせて、韓国の輸出は坂道を転がり落ちるような勢いで減少した。ただ、二〇一九年半ばに差し掛かると、韓国の輸出には下げ止まりの兆《きざ》しが確認できる。それは世界的な5G通信サービスの開始に伴うメモリ需要に支えられたと考えられる。

このように輸出依存度の高さは、韓国の内需の薄さ、所得再分配機能が働きづらいことなどを示唆する。それに加えて韓国の輸出動向は、世界経済全体の需要変化などを機敏に反映することが多い。それは、世界経済の先行きの展開を考えるために重要な視座の一つとなるだろう。

＊財閥系企業の寡占が生んだスキャンダル

このような韓国では、財閥系企業による経済の寡占が続いてきた。そこには、一九五〇年から五三年まで続いた朝鮮戦争が休戦したあとに軍事独裁政権が進めた経済運営が大きく影響した。

第二次世界大戦前後にサムスン（企業グループであるためサムスンと記す）をはじめとする財閥系企業が設立された。一九三八年に創業したサムスンは、果物や干物《ひもの》などを中国向けに輸出し、成長を遂げた。その後、朝鮮戦争が休戦したあと、米国をはじめとする国際社会は韓国への支援を強化した。日韓請求権協定に含まれた計五億ドルの支援は、その一つだ。

韓国の軍事独裁政権はサムスンなど財閥に補助金を重点的に支給することで、建設、石油化学、鉄鋼など経済復興に欠かせない基幹産業の育成を目指した。韓国にとって、比較的に経営体制の整った財閥系企業を優遇して経済復興を進めることは、北朝鮮の脅威に備える軍事力を持つためにも重要だった。まさに朝鮮戦争休戦後の韓国は、軍事独裁政権と産業界が手を取り合うことで復興が進んだのである。

すると一九六一年、韓国では軍事クーデターが発生した。これを機に権力を掌握《しょうあく》したのが、朴正熙《パクチョンヒ》氏だった。朴氏は一九六三年から一九七九年まで韓国の大統領を務め、財閥系企業への優遇政策を推し進めた。

そして朴正熙政権は輸出主導の経済成長を目指し、サムスンをはじめとする財閥系企業の輸出競争力を高めるため、優先的に公的資金を用いて企業の資金調達を支援した。言い換えれば、韓国は海外企業との競争から自国の企業を守ることを重視したといえる。

同時に、軍人として第二次世界大戦と朝鮮戦争を生き抜いた朴正熙氏にとって、米国などの大国に依存することなく、自立した経済や安全保障の体制を確立することこそが、自国の長期繁栄の基礎になるとの信念は強かったはずだ。

こうして政府の保護のもと、財閥系企業は輸出競争力を高めた。一九六〇年に二％台だった韓国の輸出依存度が、二〇〇八年頃から四〇％にまで上昇したのは、政府が財閥系企業を優遇したことが大きく作用している。

朴正熙政権が導入した経済政策は、その後の韓国経済の高い成長率の実現を支えた。そうして一九六〇年代から八〇年代にかけての韓国経済の成長は、「漢江《ハンガン》の奇跡」と呼ばれるようになったのだ。

経済成長が進むなかで、特定の企業、あるいはその創業家の一部に利権が集中すると、様々な弊害《へいがい》が顕在化する。たとえば財閥系企業の創業家では、親から子へ、子から孫へと、企業グループの支配力が受け継がれた。そうした世襲経営が、常に企業の長期的な存続を支えるとは限らない。

いずれにしろ、財閥系企業にとって政府が優遇してくれる環境は、国内の競争を気にせずに海外でのシェア獲得に注力するために重要だっただろう。しかし政府が財閥系企業を優遇し続けた結果、韓国における経営資源のかなりの部分が一握りの企業に集中してしまうという、歪な構造もできあがってしまった。

韓国の株式市場全体の時価総額に占めるサムスンの割合は四割にも達し（図表11）、財閥系企業全体の時価総額は、市場の八割程度に達する。一方、雇用に関するデータを見ると、韓国の雇用の九〇%近くが中小企業によって支えられている（図表12）。

また、韓国の中小企業研究所（日本語名称は筆者訳、Korea Small Business Institute：KOSBI）によると、中小企業従業員の月給は、財閥系企業の従業員が受け取る金額の、約六割と見られる。一九九七年の時点で中小企業と財閥系企業の賃金格差は七七%程度だったものの、その後、賃金格差が拡大したのだ。

図表11　韓国株式市場における大手財閥系企業のシェア（日経アジア300指数を基準とする）

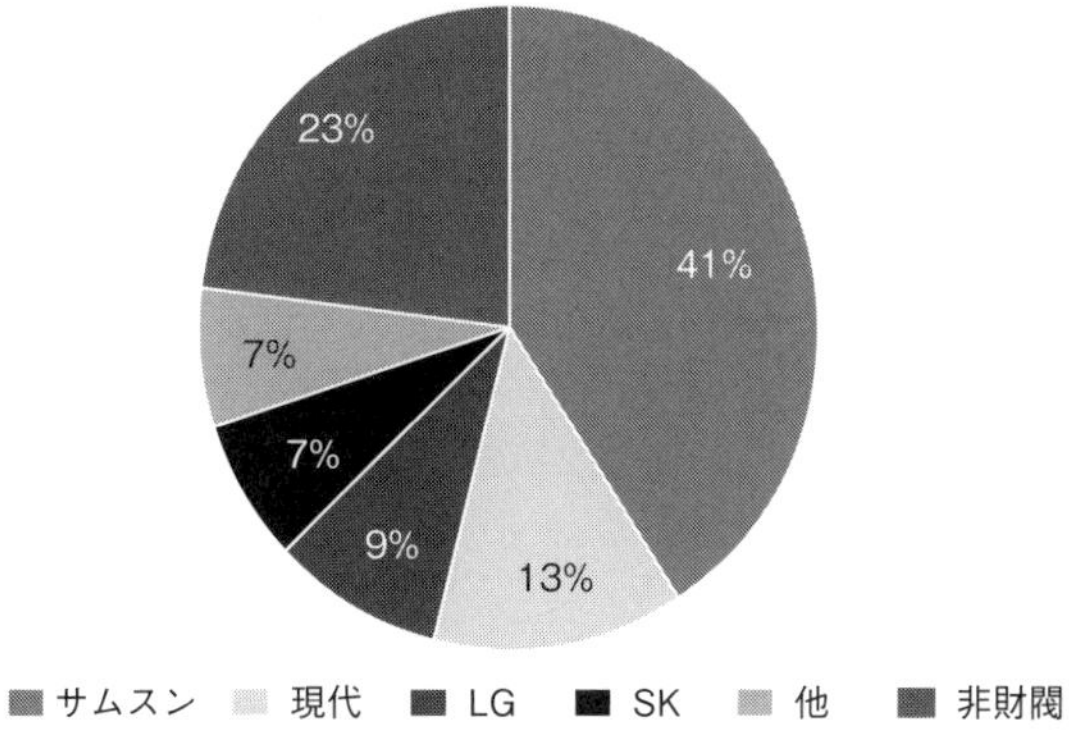

図表12　韓国労働市場での雇用割合

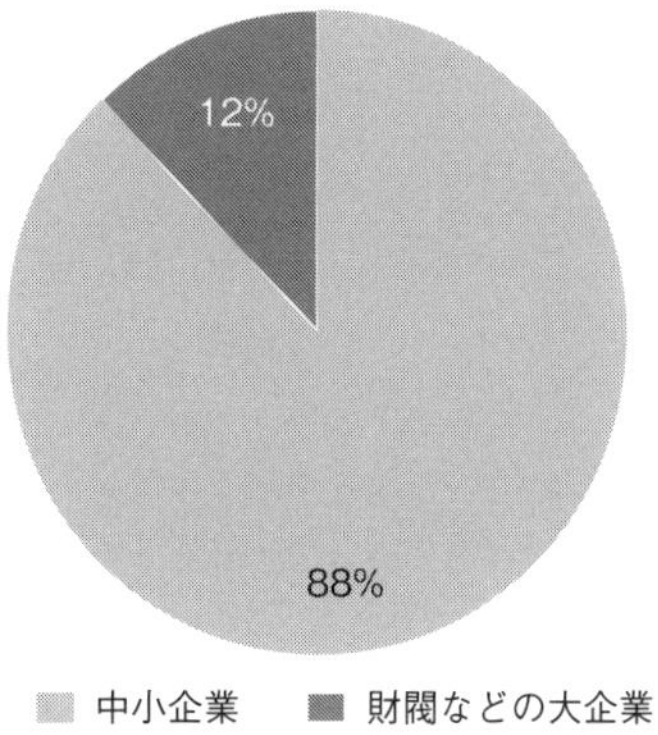

出所：米国外交問題評議会資料

別の切り口で財閥系企業の影響力の大きさを確認することも可能だ。サムスン電子一社の売上高は、韓国のＧＤＰ（国内総生産）の一五％程度に達する。大手財閥を含む上位一〇社の売り上げを合計すると、ＧＤＰの四五％程度に達する。

このような韓国経済においては、財閥系企業が豊富な資金や優秀な人材を引き付け、その他の企業には十分な経営資源が再配分されづらい構造が定着しているようだ。そのうえに国際競争の激化が進み、ＤＲＡＭ市場におけるサムスン電子のように、大企業の体力がさらに強化され、経済的な影響力が追加的に高まるという構造ができあがっている。まさに韓国経済は、一部の大企業が経済的な富や権力を支配しているというにふさわしい。

こうした事実から示唆されることは、一九八〇年代に韓国で民主化が進んだにもかかわらず、政府と財閥系企業の実質的な関係は変わらなかったということだ。軍事独裁体制から民主主義体制に移行したあとも、政府にとってサムスン電子や現代《ヒュンダイ》自動車（現代自動車は旧財閥企業と呼ばれることもある）などの協力なしに経済成長を実現することは難しかったと見られる。

韓国経済の専門家のなかには、大手財閥グループと韓国の経済は、政治、文化、および経済成長の歴史から不可分であると指摘し、韓国経済の成長には財閥の力が欠かせないと考える者がいる。また、別の経済の専門家は、韓国の政界は財閥創業家に選挙資金などの援助を求め、それと引き換えに政治的な優遇を行うことが常態化してきた、と指摘する。

そうした政治と財閥の癒着《ゆちゃく》が財閥系企業創業家の子どもに特権意識を植え付けたことは想像に難くない。企業は社会の公器だ。社会全体の常識や良識に則《のっと》って事業を行い、付加価値を創出し続ける企業が、人々に受け入れられるし、長期の存続も実現できる。しかし、韓国の財閥系企業の経営を見ていると、この当たり前の理念が欠落していると感じられる。その分かりやすい例が「大韓航空ナッツ・リターン事件」だ。

二〇一四年一二月、米国ジョン・F・ケネディ国際空港において、滑走路に向かっていた大韓航空機内で、ファーストクラスに搭乗していた当時の副社長、趙顕娥《チョヒョナ》氏が、客室乗務員のナッツの出し方が気に入らないとして、旅客機をゲートに引き返させ、運航を混乱させた。これは通常では考えられないことどころか、危険な行いだ。財閥系企業一族には、自分たちは何をやっても許されるというほどの特権意識があるのだろう。

その後、大韓航空の母体である韓進《ハンジン》グループでは、トップの趙亮鎬《チョヤンホ》氏が死去し、趙顕娥氏と弟が経営主導権を巡り、骨肉の争いを演じた。わが国でも、家具販売大手の大塚家具の親子喧嘩《げんか》など、企業創業家における内紛は散見される。しかし韓国では、必ずといっていいほど、トップの引退や死去などを境に経営体制が急速に不安定化し、親族間の論争が激化する。

このように、財閥系企業による経済の寡占が進み、財閥系企業の経営に対する社会からの批判も増すなか、韓国が中国向けを中心とする輸出によって成長を目指すことは難しくなっている。このままでは一段と格差問題の固定化も進み、社会の分断が深まる恐れがあるだろう。

＊サムスン電子と韓国経済は一心同体

韓国の経済データを見ていると、サムスン電子の株価や業績推移と同様の動きをする指標が多いことに気づく。その状況に関して、市場参加者のなかには、「サムスン電子は韓国経済を支える屋台骨である」と指摘する者がいる。

さらには、「韓国経済は、サムスン電子の業績に大きく依存した『サムスン電子一本足打法』だ。サムスン電子が中国など海外の需要を取り込み、それが韓国の生産・輸出・消費をも押し上げる」との指摘もある。

実際、サムスン電子の業績が改善しつつ拡大する場合、韓国の景気は概ね良い。反対

図表13　韓国の鉱工業生産とサムスン電子の株価推移

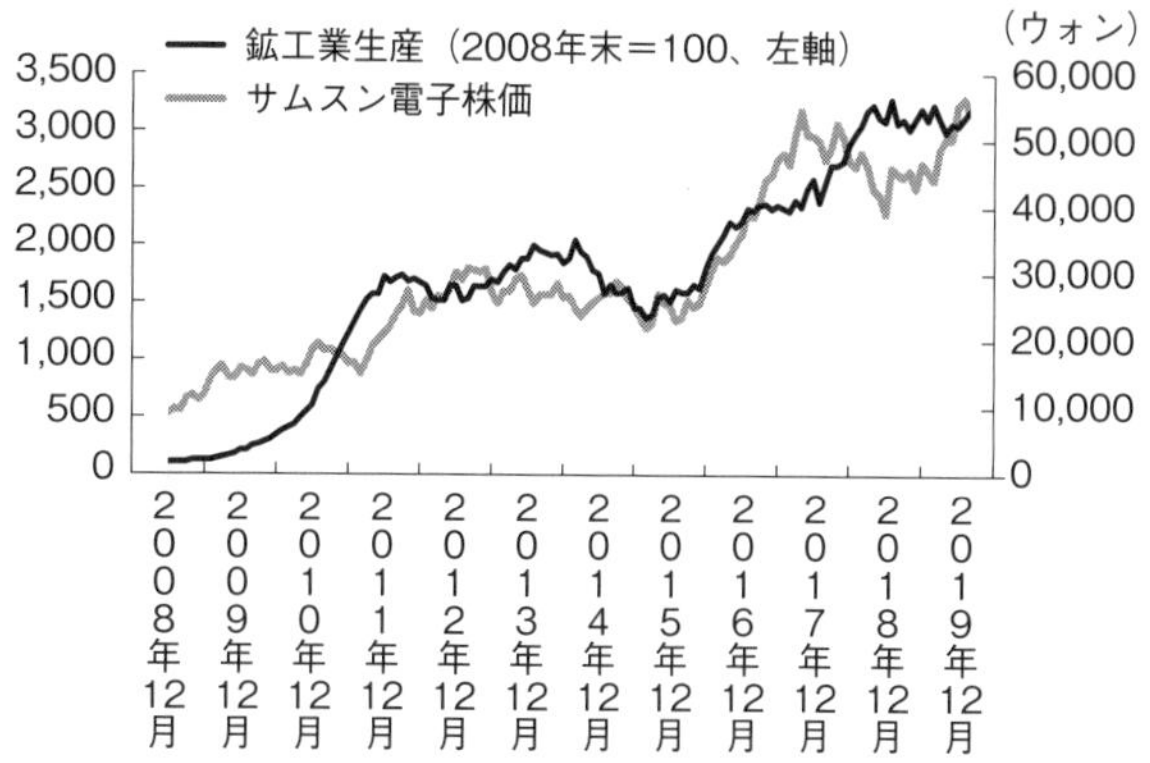

出所：Yahoo!ファイナンス、韓国統計庁資料

に、サムスン電子の業績拡大が鈍化し始めると、韓国経済全体で景況感が悪化しやすい。韓国の主要な経済指標とサムスン電子の株価の推移を用いて、その点を確認する。

まず、韓国の生産活動の推移を示す鉱工業生産のデータとサムスン電子の株価を比較すると、相関性が非常に高い（図表13）。

韓国は汎用品《はんようひん》を大量生産し、それを輸出することで成長してきた。リーマンショック後、サムスン電子は中国の家電普及策などを追い風に業績を拡大した。それとともに、韓国の鉱工業生産は上向いている。なお、この時期、現代自動車なども中国での販売を増やした。

その後、二〇一一年半ば以降、中国経済の成長率が伸び悩むにつれてサムスン電子の株価は横ばい圏で推移した。これは、中国の成長ペース鈍化を受けて、サムスン電子の業績拡大が幾分か穏やかになったためだ。同時に、韓国の鉱工業生産の伸びも穏やかになっている。

また二〇一六年以降も、サムスン電子の株価と韓国の鉱工業生産の推移には、かなりの連動性が見て取れる。サムスン電子は「中国製造二〇二五」に支えられた中国の半導体需要や世界的なデータセンター向け設備投資の増加に支えられ、業績拡大を実現した。さらに、二〇一七年の中国共産党大会を控えて中国政府が景気刺激策を打ったことも、サムスン電子の業績を支えた。二〇一七年末まで公共事業などの政策に支えられて中国の景気は緩やかに持ち直し、サムスン電子の株価も高値圏で推移した。

次に、韓国の消費者信頼感とサムスン電子の株価の推移を確認すると、株価が上向くなかで、消費者心理の改善が進んだことが分かる（図表14）。株価のピークと消費者信頼感のピークはほぼ一致している。サムスン電子の業績などへの期待や実績は、経済全体のマインドにも大きく影響すると見られる。まさに、サムスン電子一社が韓国経済の安定に影響を与えているといっても過言ではない。

図表14　韓国の消費者信頼感とサムスン電子の株価の推移

出所：韓国銀行資料

では、なぜ韓国の生産動向とサムスン電子の株価の相関性が高いのかを考えてみたい。その一つの要因として、設備投資など、経済全体に与える同社の影響の大きさがあるだろう。

まず、近年の韓国のＧＤＰの内訳を見ると、個人消費が約五〇％、政府支出が一五％程度、設備投資が三〇％程度、残りの部分が純輸出（輸出マイナス輸入）となっている。設備投資の割合は日米（二割程度）を上回る。

前項で示した通り、韓国の株式市場の時価総額に占めるサムスンの割合は非常に大きい。ここから示唆されることは、韓国経済のなかでサムスン電子の経営体力は突出しているということだ。その分だけ、同社の設備投資が経済全体の投資動向に大きな影響を与えている。

さらにサムスン電子は、「逆張り」の発想によって設備投資を積み増してきた。サムスン電子は、市況が悪化し、ライバル企業が投資に尻込みしている状況をチャンスととらえて投資を行い、半導体などの生産能力を引き上げてきた。その後、目論見通りに市況が上向くと、サムスン電子は他社に先駆けて生産を増やし、世界市場でのシェアを高めることができた。結果としてサムスン電子の業績期待が高まり、株価が上昇し始めると、それに引っ張られるようにして生産や消費などのマインドが上向くという構図ができあがったのだろう。

それには、過去の保守派政権が財閥系企業の成長を重視したことも影響したはずだ。また、サムスン電子の中興の祖というべき李健熙《イゴンヒ》氏が徹底した組織改革を行い、常に成長を目指すマインドを組織全体に浸透させたことも大きい。

一九九三年、李健熙氏は「妻と子ども以外はすべて変えよう」とのスローガンを掲げ、経営難を乗り切った。つまり、常に成長を目指すマインドを組織全体に叩き込み、より効率的に、より良いモノを生み出そうとする経営風土を醸成したのである。経営トップが代わってもサムスン電子が常に成長を目指し、投資を重視してきた背景には、そうした改革の影響もある。このような経営者の発想には見習うべき点が多い。

二〇一八年以降、データセンター向け設備投資の一巡や、米中の通商摩擦の激化によって、世界の半導体市況は下向いた。それは、サムスン電子の株価の推移からも確認できる。

二〇一八年八月、サムスン電子は二〇二〇年までの三年間で半導体の生産拠点などへの投資や研究開発費に総額一八〇兆ウォン（約一六兆円）を投じると発表した。これは、二〇一七年まで半導体市況が上向き基調で推移した期間の投資額を上回る。

ただ、このサムスン電子の逆張り投資戦略が業績拡大につながるかは、見通しづらい。すでに中国経済は成長の限界を迎えた。それに加え中国では、ファーウェイをはじめとするＩＴ先端企業が人工知能を内蔵したＩＣチップなどの生産に取り組み、韓国への依存度は低下している。サムスン電子にとって重要な大口顧客だった中国企業は、競争上の脅威に変わりつつあるのだ。

新型コロナウイルス感染症の影響も、サムスン電子の業績を下押しする要因となるだろう。サムスン電子が半導体に代わる成長事業を育成できていないことも懸念材料だ。サムスン電子の業績拡大に依存した韓国の経済運営は、行き詰まりを迎える可能性がある。

＊「ながら作業」の労働組合天国

ところで韓国では、労働組合の影響力が非常に強い。その影響力は強すぎるといっても良いだろう。経済や企業経営の専門家のなかには、現代自動車を筆頭に韓国の自動車業界における労働組合の力は、かつて日米自動車摩擦などに影響力を発揮した全米自動車労働組合（ＵＡＷ）よりも強いと指摘する者もいる。韓国の労働組合は、軍事独裁政権に反発する市民運動と呼応するようにして、政治、経済、社会への影響力を強めてきた。

一方、一九六〇年代から八〇年代にかけて、韓国の軍事独裁政権は大手財閥系企業への優遇策を進めた。韓国では、企業経営者が政府のいうことを聞き、輸出競争力を高めて経済成長を支える存在となることを目指したのだ。

見方を変えれば、軍事独裁政権下での韓国企業では、労働者が待遇の改善を経営者に求めることは困難だっただろう。その証拠に、歴代の軍事独裁政権は、労働組合の活動を厳しく制限した。

しかし、「やってはならない」といわれると、どうしても反発してしまうのが人間の性《さが》だ。軍事独裁政権下、労働者は、圧制に反発し始めた。それが学生などの反政府デモをはじめとする市民運動と連携し、民主化を求める社会心理が強まった。

こうした変化は韓国映画『タクシー運転手　約束は海を越えて』などにも描かれている。それを観ると、自由を求める人々の根源的な心理は、圧力を受ければ受けるほど強くなることが痛烈に感じられる。ただ、その問題と、独善的な態度を強める労働組合の問題は、別物だろう。

一九八〇年代に入ると、韓国では市民運動が激化し、労働争議も勢いづいた。民主化の気運が高まるなかで、徐々に韓国の労働組合は、賃上げを求めるようになった。その後、韓国では、景気が良くても悪くても労働組合が賃上げなどを求めてストライキが実行される、といった状況が続いている。

裏返して見れば、歴代の政権では、労働市場の改革など抜本的な構造改革に踏み込むことが難しかった。特に左派政権にとって、労働組合からの支持を取り付けることは、大統領をはじめとする主要閣僚の政治生命を維持するためにも欠かせない要素の一つだった。また、保守派政権にとっても、改革を進めて労働組合から反感を買う展開は避けなければならなかっただろう。

一例として、韓国最大の労組組織である「全国民主労働組合総連盟（民主労総）」は、「朴槿恵前大統領の罷免《ひめん》につながった『ろうそくデモ』を率い、文在寅政権発足を支えた」と主張している。韓国の労働組合は、自分たちは韓国の政治全体を変えるほどの力があるとの認識を持つと考えているのだ。

そうした状況が続いてきたため、韓国では、労働組合が強い影響力を持つ既得権益と化した。そのため企業経営者が、自社の操業水準などを変更しようとすることが非常に難しくなっている。韓国においては、労働組合が怖いもの知らずの立場を確立し、ストライキなどをちらつかせれば、自分たちの要求は何でも受け入れられると考えているようだ。

韓国の労働組合の実態を、「労働組合天国」「労働組合貴族」と揶揄する市場参加者や国際経済の専門家がいるのは、このためだろう。

こうした韓国の労働組合の自己中心的な考えは、行きすぎている。たとえば現代自動車では、経営陣が事業運営の変更などを示唆すると、労働組合が強硬に反発し、ストライキの実施を盾《たて》に要求を突き通してきた。その結果、同社の工場従業員の賃金は、トヨタ自動車を上回っているようだ。

また、現代自動車の工場では「ながら組み立て」の実態が明らかになった。工場で働く従業員が、スマートフォンで映画やサッカーなどの試合を見ながら、自動車を組み立てていることが発覚したのだ。

当たり前のことだが、これは安全上許されない。また、自動車一台には三万～五万点もの部品が使われ、緻密《ちみつ》な擦り合わせ技術が求められる。常識的に考えて、スマートフォンを見ながら自動車を生産することなどできない。生産性も上がらない。

そのため現代自動車の経営陣は、この状況を止めるため、工場でのＷｉ－Ｆｉ通信を停止すると宣言した。すると、同社の労働組合は強硬に反対した。

わが国の常識に照らした場合、そこまで自分たちの権利を主張する心理を想像することはできないだろう。しかし、韓国の労働組合は「自分たちの権利である」と頑《かたく》なに主張する。それを押し通してしまうのだ。

こうした状況が続いた結果、韓国では労働市場の流動性が低下し、若年層が望む職業に就くことも難しくなっている。

これまで実質的に無労組経営を続けてきたサムスン電子でも、二〇一九年末、全国組織傘下の労働組合が発足した。それは、韓国最大のサムスン電子であっても、事業の成長を通してだけでは従業員の満足感を高めることが難しくなったことを示す。一九九三年以降、徹底した組織改革によって恒常的な成長を実現しようとしてきたサムスン電子の経営風土が揺らいできているともいえる。

このように考えると、韓国経済における格差の固定化は、さらに深刻化する可能性がある。分かりやすくいえば、労働組合という非常に強固な既得権益層が、経済全体が生み出した付加価値（成長の果実）を吸い取ってしまい、社会全体で富を公平に分け合うことが難しくなっているのだ。同時に労働組合は、自分たちの影響力を維持し、さらにそれを高めようとして、政治への影響力を強めようとするだろう。

これは韓国政治の不安定化につながる要因と考えられる。これまで左派政権を支えてきた支持層では、労働組合に加盟している人とそうではない人、既存権益にしがみつく高齢者と将来に希望を持てない若者というように分断が進み、社会全体で多様な利害を調整することが難しくなるだろう。

＊日本に依存する素材とマネー

韓国の経済は、実は、わが国に大きく依存している。わが国との人の往来、貿易、そして金融取引が滞れば、韓国経済には動揺が広がりやすい。しかし近年、韓国の政治家や市民団体などは、反日姿勢を強めてきた。

知日派の政治家や企業経営者などは、反日姿勢を強める自国の社会情勢に、かなりの危機感を示してきた。それは、韓国の歴史を紐解けば明らかだろう。知日派の政治家のなかには、中国に近づき南北統一を目指す文在寅大統領の政策運営姿勢は、ある意味、「夢」を見ているに等しいと指摘する者もいる。

本当は、文大統領も、韓国経済の運営に日本の経営資源が欠かせないことはよく分かっているのだろう。にもかかわらず、第二次世界大戦後最悪といわれるまでに日韓関係を冷え込ませてしまった。政権からは知日派のベテラン官僚が放逐《ほうちく》されたのも事実のようだ。

その結果、文大統領が日本との関係打開を目指そうにも、その手段が消失してしまった可能性が高い。そうなれば、南北統一を重視して市民団体などの支持を得るためには、ことあるごとに反日姿勢を示すしかない。要は、文政権の支持者にとって反日の考えは、互いの連帯感を共有する一つの術《すべ》と化しているのだ。

そうしたなか、韓国企業の対日依存は否応《いやおう》なしに高まったと見られる。象徴的だったのが、二〇一九年七月、わが国が韓国に対するフッ化水素など特定三品目の輸出手続きを厳格化した際の、サムスン電子やロッテの対応だ。

まず日本の対応を受け、文政権は、企業経営者と経済対策を協議する場を設けた。通常であれば、自国経済の運営に支障が出るとの懸念が高まった場合、官民が連携するのは必要なことである。しかし、サムスン電子の李在鎔《イジェヨン》副会長と、韓国ロッテグループの辛東彬《シンドンビン》(重光昭夫《しげみつあきお》)会長は、文政権との会合に出席するのではなく、訪日を優先した。

その目的は、半導体の生産に必要な高純度の日本製素材の確保と、邦銀からの融資継続を目指すことにあったと見られる。

北朝鮮という巨大リスクに直面する韓国の金融機関が、国際市場において、長期に、かつ潤沢なドルなどの資金を調達することは容易ではない。それには、かなりのコストがかかる。

一方、国際展開を進めてきた大手財閥系企業にとって、ドルなどの資金繰りの安定は、信用力に関わる問題だ。自国での調達が容易ではないだけに、距離的に近い日本の金融機関の重要性は、いやが上にも高まる。わが国を批判する社会心理が強まっても、逆に韓国企業の対日依存は深まるといって良い。

韓国の半導体産業が日本を抜きにしては存続困難なことは先述した通りだ。韓国貿易協会によれば、日本政府が輸出手続きを厳格化したレジスト(感光剤)に関して、二〇一九年一〜五月の韓国の対日依存度は約九四％にも達する。フッ化ポリイミドの対日依存度も約九二％に達し、フッ化水素に関しても四四％程度を日本から調達している。

いずれに関しても、わずかに成分が異なるだけで、完成品であるメモリやＩＣチップの性能には大きな差が出てしまう。その他の半導体素材や製造装置に関しても、わが国企業の競争力は高い。

半導体産業において、サプライチェーンを一朝一夕《いっちょういっせき》に変えることはできない。いったん投入する素材の調達先を変えるとなれば、生産工程の再開には、数ヵ月もの時間を要する。半導体素材が変更されてしまうと、それを使ってきた家電メーカーには、相当な影響が及ぶ。

一方、中国の半導体生産能力の向上などを受けて、韓国企業を取り巻く競争環境は急速に激化している。そのなかで、ひとたび製品の出荷が滞れば、中国や台湾など競合相手が「しめた」とばかりに低価格競争を仕掛け、韓国のシェアが奪われる。同時に、中国への半導体輸出を見直すようトランプ政権が韓国に圧力をかける展開も考えられる。

そうした状況のなか、韓国の企業が環境の変化に対応して存続を目指すためには、わが国との関係は生命線ともいえる。実際、韓国の経済界や保守派政治家のなかには、日韓の通貨スワップ協定が延長されなかったことに、かなりの危機感を持つ者がいるようだ。

さらにトランプ政権下の米国は、国際社会における孤立感を深めた。もし韓国経済が大きく混乱した場合、米国が韓国に援助の手を差し伸べるか否かという点については、過去に比べて不確実性が増している。

わが国にとっても、韓国との関係が良好であることは、極東情勢の安定を維持するためには欠かせない。問題は、韓国の文政権と一部の世論が反日で固まり、その状況を打開することが難しくなっていることだろう。

世論に迎合する、あるいは支持層にとって耳触りの良い主張を行うためだけに、文大統領は日本に対し高圧的な態度で接し、批判を繰り返しているようにしか見えない。それ以外で、文大統領が世論からの支持を得ることは難しくなっていたのだろう。

このように考えると、中国経済の減速などを受けて不確定感が強まるなか、韓国経済の先行きには不透明感が高まる。

✻先進国には見られぬ資本規制の背景

先にも触れたが、韓国は、その地政学的な側面などを背景に、慢性的なドル不足に悩まされてきた。世界経済が落ち着いているあいだは大きな問題が起きることはない。しかし、ひとたび世界経済の先行きが怪しくなると、世界の金融市場参加者がリスクを回避しようと、韓国から急速に資金を引き揚げ始める。

韓国政府および中央銀行の政策を見ていると、ドル不足が顕在化しないよう、国内と海外での資金の取引に対し、かなり神経をとがらせている。なぜそう見るかといえば、韓国は資本規制を敷き、自由な通貨の取引を認めていないからだ。

日本の法定通貨である円や米国のドルなど主要先進国の通貨は、基本的には自由に売買できる。わが国の企業が米国にモノを輸出し、その代金を回収することを考えてみよう。いま為替レートが一ドル＝一〇〇円だったとする。一ヵ月後にドルでの入金がある。そのときの為替レートが一ドル＝一〇〇で変わらなければ、本邦輸出企業は為替レートの影響を受けずに済む。

しかし、為替相場でドルが円に対して下落し、一ドル＝八〇円になってしまった。本邦輸出企業が受け取るドルの代金は変わらない。問題は、ドルを円に交換すると、円高が進んだ分（この場合は二〇円）、円ベースでの受け取り代金が少なくなってしまうことだ。

こうした為替レートの変動リスクを回避するために、本邦輸出業者は銀行に手数料を支払い、現在の為替レート（一ドル＝一〇〇円）で一ヵ月後に円を受け取る約束を交わす。これによって輸出業者は、コストはかかるものの、為替レートの変動によるリスクを「ヘッジ」できる。こうした為替ヘッジが可能か否かは、輸出業者が収益を確保するために重要だ。

ところが韓国政府は、状況に応じて為替取引に規制強化を行うなどして、国内外をまたいだ資本取引によって経済や金融市場が不安定化しないように取り組んできた。この姿勢は現在も変わらない。

一例として韓国は、二〇一〇年にギリシャの国家財政の粉飾に端を発する、いわゆる「欧州ソブリン危機」の煽《あお》りを受けた。このときは韓国政府が国内で営業する銀行に為替先物取引の限度額を設定し、企業の外貨借り入れは海外での使用に限るとの資本規制を導入した。先進国では、資本規制が発動されることは稀《まれ》である。

この背景には、市場参加者の自由な取引が続くと、時として急速にウォンへの売り圧力が高まり、ドル不足に陥るとの懸念がある。言い換えれば、韓国はどうにかして自国内に資金をとどめておきたいのである。

この考え方は、かなり強固なものだ。このように韓国が資金移動を警戒する理由としては、一九九七年のアジア通貨危機をはじめとする経済危機への恐怖心が挙げられよう。

アジア通貨危機発生以前、韓国経済は短期の資金調達を行い、それを長期の投資に回すことで成長を実現していた。同時に、韓国は米ドルに対するウォンの為替レートを一定に保つことによって、海外から資本が流入しやすい環境を維持していた。このように、自国通貨の為替レートが基軸通貨（ドル）に対して一定となるよう管理する通貨制度を「ドル・ペッグ制」という。

しかし、タイを震源地とする通貨危機が韓国に押し寄せると、海外の金融機関は一気に韓国から撤退（脱出）するなどし、資金が海外に流出してしまった。その後、韓国がＩＭＦに支援を要請したのは、すでに述べた通りだ。また、韓国は為替相場の管理の限界に直面し、ドル・ペッグ制から完全変動相場制へと移行した。

本来であれば、韓国は通貨危機の教訓を生かし、短期の資金調達や輸出に依存した経済構造を改めなければならなかった。具体的には、起業の促進や財閥グループの改革などを通じ、競争原理が発揮されやすい制度を整備することが必要だった。それは内需の拡大を支え、経済と金融市場の安定を図るために必要な要素なのである。

しかし歴代の政権は、構造改革を進めるという掛け声をかけはするものの、改革に本腰を入れることはなかった。その背景には、先述した労働組合などの既得権益層の影響力が強いことがあるだろう。また、大統領の任期が一期五年に限定されているため、長期の展開を視野に入れた政策運営が難しいことも影響している。

結果的に韓国は、世界経済の不安定感が高まると、為替レートや株式市場の動向に過剰なまでに神経を使わなければならなくなっている。二〇一九年末、中国の湖北省武漢市を中心に発生した新型コロナウイルス感染症の影響は、それを確認するいい例だ。

新型コロナウイルス感染症が発生すると、韓国の現代自動車などは、中国からの部品調達が困難になった。さらに、大邱《テグ》市を中心に集団感染が広まり、韓国経済が大混乱に陥った。韓国にとって最大の輸出先である中国が新型コロナウイルス感染症の震源地となっただけに、内外需ともに、状況は厳しかった。

本来であれば、韓国は金融政策と財政政策をフルに動員し、経済対策を打たなければならない。しかし二〇二〇年二月、韓国銀行（中央銀行）は、市場参加者の予想に反して追加利下げを見送った。

実情としては、見送らざるを得なかったのだろう。なぜなら、金利が低下すれば、韓国からの資金流出が加速する恐れがあるからだ。

労働争議の激化や文在寅政権の経済運営の失敗から、韓国経済の先行きを不安視する外国人投資家は多い。外資系企業を中心に韓国からの撤退を検討する企業もある。そうした状況下で利下げを進めれば、韓国ウォンの減価圧力が高まり、経済全体で資金繰りが逼迫《ひっぱく》する懸念が高まる。

また二〇二〇年三月に入ると、韓国政府は株式の空売り規制を導入した。さらに、ソウルの株式市場が大きく下落した局面では、プログラム取引を一時的に制限する「サイドカー」と呼ばれる措置も実施した。いずれも資金逃避、いわゆるキャピタルフライトを回避するためだ。

この点に関する真剣度は過去の政権には見られなかった、と指摘するアジア経済の専門家もいる。韓国の資金流出やドル不足の顕在化に対する危機感は、日本人が想像する以上に強烈なものなのだ。

先進国では、これほどまでに自国からの資金流出に恐怖感を示す国は見当たらない。アジア通貨危機のあと韓国は、輸出を軸に経済成長を実現したものの、その経済の安定度は低い。

こうした脆弱な側面を正し、経済にとっての血液ともいわれる金融（およびそれを支えるシステム）の安定を確立するためには、同国の政治指導力が欠かせない。慢性的なドル不足を克服するためには、韓国の民主主義の実力が問われているのだ。

第四章　左派と保守派が暗闘する悲劇

＊財閥と軍事独裁の暗黒史

韓国では多くの人が、軍事独裁政権時代の暗い記憶を引きずり、心の底では政治家に対する不信や疑念を常に抱いているように見える。そのため政治家は、世論の支持をつなぎ留めるために相当な神経を使わなければならない。結果的に、韓国の政治判断は、目先のことにとらわれやすいといえよう。

また韓国では、先述の通り、世界経済が好調であるときには、輸出を中心に景気が安定していることが多い。反対に外部環境が不安定になると、景況感は急速に冷え込む。それだけではなく、社会全体に諦めや失望、そして鬱憤《うっぷん》といった、後ろ向きの心理が急速に蔓《まん》延《えん》する。結果、政治も停滞しやすい。まさに、熱しやすく冷めやすい社会心理だ。

それは人々の心のなかに、常に為政者に対する猜疑心《さいぎしん》があるからではないだろうか。この点を考えるために、韓国の歴史を手短に確認しておく。

第二次世界大戦後から一九八〇年代まで、事実上、韓国は「開発独裁」のもとにあったといえる。つまり、米国の支援を受けた為政者が権力を一手に握り、経済と社会を運営（支配）する体制が続いた。南北の会談や民主化を志す社会心理の台頭とともに為政者の強権体制が揺らぐと、軍部がクーデターを起こして独裁体制が再徹底されるという政治環境が続いた。

まず、一九四八年から六〇年まで韓国大統領の地位にあった李承晩《イスンマン》氏が、米国の支援を取り付けつつ、開発独裁の口火を切った。問題は、開発独裁のもとでは経済全体の底上げが難しかったことだ。

その後、朝鮮戦争が休戦に入ると、米国の経済支援が削減され、韓国経済の成長率は落ち込んだ。その状況に民衆は不満を募らせ、民主化を求めた。こうして一九六〇年代に入ると学生運動が激化し、「四月革命」と呼ばれる運動が起きた。これが政府の弾圧を受け、多数の死傷者が出た。結果、政権は米国からも見放され、李承晩氏は失脚した。

一九六一年には経済の低迷や民主化を求める運動に端を発し、北朝鮮との融和を求める世論も勢いづいた。それを抑えるために朴正熙氏が軍事クーデターを起こし、権力を握った。こうして再度、開発独裁が進み、「漢江の奇跡」につながる。

なお、一九七三年には朴正熙氏の政敵であった金大中氏を大韓民国中央情報部（ＫＣＩＡ）が東京から拉致《らち》した「金大中拉致事件」が起きるなど、朴政権の独裁色は強まっていった。

一九七九年には、この朴正熙氏が側近に暗殺され、韓国では再び民主化の気運が高まった。同時に、軍部内では朴正熙氏暗殺を巡って対立が生じたと伝えられている。するると同年一二月、全斗煥《チョンドファン》氏がクーデターを起こし、実権を掌握した。軍部による独裁に反発した世論は民主化を求め、翌一九八〇年五月には「光州事件」と呼ばれる市民運動への武力弾圧も起こった。その後、盧泰愚《ノテウ》政権を挟み、一九九三年に金泳三政権が誕生するまで三二年間にわたり、韓国では軍事独裁政権が続いたのだ。

こうして長いあいだ続いた軍事独裁政権は、韓国の社会心理に深い傷を刻んだはずだ。為政者は一部の利益だけを優先し、社会全体の自由や希望を重視してはいない、そんな意識が社会全体に浸透したといえる。軍部がクーデターを起こして民主化を抑え込んできたため、為政者への根本的な猜疑心のようなものが韓国社会に根付いてしまったようにも見える。

それゆえ韓国では、大統領任期は一期五年と定められ、特定の人物が長きにわたって権力を持たないような政治体制が敷かれたのだろう。

逆にいえば韓国の軍事独裁政権下では、人々の信頼を得ることが難しかった。もし、軍事独裁政権のいうことを聞けば豊かになれると人々が信じたのであれば、世界史の教科書に記載されるような痛ましい弾圧は起きなかったはずだ。

そして一九九〇年代以降、韓国では左派と保守派政権が入れ替わり立ち替わり発足してきた。ただ、開発独裁によって築かれた韓国経済の根本、すなわち財閥系企業中心の経済運営を改めることは、口でいうほど容易なことではない。結果、社会全体で見た場合には富が一部に集中し、少子化や人口の減少とともに、人々が将来に希望を持ちづらくなってきた。

第二次世界大戦後、軍部を中心とする開発独裁体制を改めるために、韓国は半世紀近い年月を要した。民主政権が発足して二〇二〇年で二七年が経過した。開発独裁によって築かれた経済運営体制を改革するには、さらなる時間が必要だろうが、そのためには人々が公平感と幸福感を実感できる社会環境を目指すしかない。

しかし、文在寅政権が、こうした考えを持っているとはいいづらい。それよりも、文大統領は左派政権の長期化に執着してしまっている。二〇一九年八月、文政権は二〇四五年までに南北統一を目指すと発言した。この発言によって、文大統領は、市民団体などからの支持をより強固なものとしたかったはずだ。

しかし、国際社会の情勢がそれを許さないだろう。現時点では、南北の統一を想定することは現実的ではない。北朝鮮の経済成長のための支援を誰が行うかなど、議論を進めること自体が難しい問題が山積している。それよりも韓国にとって重要なことは、過去の軍事独裁政権が築き上げた経済体制をいち早く改革し、人々が将来に期待や希望を持てる社会を整備することだろう。

＊政財界の癒着の深刻度

開発独裁が続いた結果、韓国では、政界と経済界のつながりが強まり、「政経一体」ともいうべき経済運営体制が敷かれた。そのため政財界の癒着も深刻化し、歴代の大統領が逮捕されたり、その親族による不正が明らかになったりするケースが後を絶たない。わが国でも「政治とカネ」の問題に関心が高まってきたが、韓国における政治とカネ、さらには政界と財界の癒着は、より深刻だといえる。

韓国では、軍事独裁政権から民主政権へと移行したあとも、政治家およびその親族と財閥系企業経営者などの癒着が繰り返されている。経営資源がサムスングループを中心とする大手財閥系企業に集中してしまっているため、どうしても、政治と経済の権力者が互いに互いを頼りにする部分があるようだ。

そうした政財界の癒着、それに端を発する不正資金の授受、さらには関係者の子どもの不正入学などの実態が明らかになるたびに、韓国の世論は、一部の特権階級が良い思いをしていることに対し怒りを顕《あら》わにする。そうして大規模なデモなどが起こるのだ。特に受験戦争が苛烈な韓国において、不正入学に対する世論の沸騰ぶりには、憤怒《ふんぬ》とも形容できるものがある。

それに突き動かされるようにして、左派から保守派、その後は左派へと、振り子が振れ動くように政治体制が変化する。多くの国民が経済格差に直面してきただけに、政財界のスキャンダルが発覚すると一気に批判が高まり、政治情勢が不安定になる。

この結果、左派は保守派への批判を強め、保守派は左派政治を糾弾《きゅうだん》するという、「保革完全分断」ともいうべき政治構造ができあがってしまったようだ。

左派政権は、過去の保守派政権への圧力を強め、不正がなかったかを徹底的に捜査してきた。保守派政権も同様だ。労働組合の支持を取り付けてきた左派と、米国との安全保障を重視する保守派の根本的な理念の対立もある。当然、左派と保守派の溝は簡単には埋まらない。

＊文大統領が検察改革を目指した背景

政財界の癒着の歴史を振り返ると、状況の深刻さがよく分かるはずだ。民主化以降の大統領経験者の末路を見てみよう。金泳三氏の次男は不正資金を受け取ったことが発覚し、逮捕された。金大中氏も子息による不正な資金受け取りが明らかになった。李明博氏や朴槿恵氏は逮捕された。

そのなかでも、盧武鉉氏に焦点を当ててみたい。盧武鉉氏の場合、親族による不正な資金の受け取りが発覚し、最終的には自殺に追い込まれた。左派と保守派の対立は、国家の最高意思決定権者の地位にあったものの生命すら脅かすほど凄まじいのだ。

一九四六年生まれの盧武鉉氏は、戦後世代で初めて大統領になった。同氏の生い立ちは、人々の共感を得るものだった。貧しい農家に生まれ、苦学して弁護士になった。高校在学中もアルバイトをして生計を助けた。そうした生い立ちから、盧武鉉氏は、富裕層出身のエリート層とも一線を画す新しい政治家として注目され、人々の期待を集めた。また一九八〇年代には、学生運動や民主化を求める市民運動に関わる人権派弁護士としても活動した。

それだけに、市民団体からの盧武鉉氏に対する支持は熱烈だった。分かりやすくいえば、多くの人々が「自分も努力して頑張れば、盧武鉉大統領のように成功を手に入れることができる」と希望を抱いたのだろう。

しかし、そうした新しい政治の旗手と目される人物であったとしても、政権発足から数年も経つと、支持率を維持することが難しくなった。それだけ韓国では、一握りの政治家と財閥系企業の癒着が進み、改革を進めることが難しいのだろう。

盧武鉉政権のケースでは、米国からの不信を買っているなどと保守派が批判を強め、レームダック化した。さらに、李明博政権が発足したあと盧武鉉氏の親族に捜査が及んだことも、人々に失望を与えたはずだ。同時に韓国人たちは、仮にどのような政権であっても政財界の癒着からは離れられないという事実を突き付けられた。

最終的に盧武鉉氏が自ら命を絶ってしまったことも、韓国の政治が抱える問題を示している。それは、どうにかして大統領任期中に自らの立場を固めておかなければ、任期終了後の安心を確保することが難しいということだ。言い換えれば、政財界の癒着解消が困難ななか、為政者は人々の支持をつなぎ留めつつ、自身の政治理念が後の世代に受け継がれるようにしなければならない。

この教訓を基に、盧武鉉氏の右腕として政権運営を支え、二〇一七年の大統領選挙に勝利した文在寅氏は、検察改革などを進めた。左派政権の基盤を盤石《ばんじゃく》なものとしつつ、自らの立場を守ろうとしたのだ。

＊大統領経験者が次々に逮捕される理由

また韓国では、全斗煥氏、盧泰愚氏、李明博氏、朴槿恵氏と、四名の大統領経験者が逮捕されてきた。その事実は、韓国の左派と保守派のあいだに大きく深い溝があることを示唆する。この四名に共通するのは、いずれも保守派の政治家であるということだ（全斗煥氏と盧泰愚氏は軍部出身）。なお、李明博氏と朴槿恵氏の二名は、左派（革新派）の文在寅政権下で逮捕された。

以下、歴代大統領の逮捕の理由を確認したうえで、朴槿恵政権でのスキャンダルの経緯を踏まえ、韓国の政治と経済の課題を考えてみたい。重要なポイントは、韓国経済には、開発独裁の「文化」が根強く残っているということだろう。企業経営者は、どうにかして政府の優遇を取り付け、国際市場での競争力を引き上げたい。この「文化」ともいうべき企業の行動様式が変わらない限り、政財界の癒着、左派と保守派の闘争を止めることは難しいかもしれない。

朴正熙暗殺事件のあと、クーデターによって全権を掌握した全斗煥氏。彼はクーデターを起こして社会を混乱させたこと、光州事件をはじめとする民主化への弾圧、資金秘匿《ひとく》などを問われ、逮捕された。全斗煥氏の後を継いだ盧泰愚氏も同様の罪を問われ、逮捕された。そして全斗煥氏は無期懲役、また盧泰愚氏は懲役一七年を言い渡されたが、特別恩赦を受けた。

二〇〇八年から一三年まで大統領の地位にあった李明博氏は、大統領在任中に賄賂《わいろ》を受け取ったことなどが問われ、逮捕された。具体的には、自分が実質的オーナーだった自動車部品会社の資金を横領したこと、また、同社の訴訟費用をサムスングループに肩代わりさせ、それが不正資金事件で背任罪が確定していた李健熙会長の特赦につながったこと、などの責任を問われた。

＊企業経営者が朴槿恵大統領に期待したこと

一方、二〇一三年に大統領に就任した朴槿恵氏に至っては、知人女性である崔順実《チェスンシル》氏を国政に介入させたことまで発覚した。このケースは様々な点において、韓国の政財界の癒着が深刻であることを浮き彫りにした。朴槿恵政権のスキャンダルを確認すると、韓国では、政治や経済の権力が、いかに一握りの限られた人物に集中しているかが分かる。

朴槿恵氏は暗殺された朴正熙氏の娘である。李明博政権から続いて保守派政権が誕生したことの背景には、韓国世論が経済と安全保障の両面で、保守派の政治が国力向上に役割を発揮すると期待したことがあるだろう。朴正熙政権が進めた輸出主導による経済成長を念頭に、娘の朴槿恵氏がより強力に韓国経済の底上げをして、格差の是正が進むのではないかと期待された。

しかし朴槿恵政権の実態は、こうした期待とは大きくかけ離れてしまった。

二〇一六年七月、政府が財閥系企業に対し、崔順実氏が影響力を持つ財団などに資金を拠出するよう圧力をかけたとの疑惑が発覚した。その後、次々に朴槿恵氏が政治家ではない知人を国政に介入させていたことが明らかになる。たとえば、崔順実氏が大統領の演説の草稿や機密文書などを入手していた疑いが浮上した。

この事態に、韓国の政治と社会は大きく混乱し、朴槿恵大統領の辞任を求めて大規模なデモが発生した。その後、崔順実氏の娘が大学に不正入学していたことも明らかとなり、韓国世論の怒りは勢いづいた。

また、大手財閥系企業が崔順実氏の財団に資金を拠出し、見返りとして便宜《べんぎ》を受けていたとの疑いも浮上した。それを受け、サムスン電子、韓国ロッテグループ、ＳＫグループなどに加え、行政機関である企画財政部にも検察の捜査が及んだ。

そして二〇一六年一二月、野党から大統領の弾劾《だんがい》訴追案が国会に提出された。この弾劾訴追案が可決され、翌年三月、憲法裁判所は朴槿恵大統領の弾劾は妥当と裁定、大統領は罷免された。

問題は、なぜ朴槿恵氏が崔順実氏を国政に介入させ、さらには崔順実氏が様々な影響力を発揮する事態になってしまったか、だ。新聞は、両親を暗殺された朴槿恵氏が孤独な生活を送るなかで崔順実氏への心理的な依存が強まったことなどを指摘している。

それと併せて、韓国における経済合理性とはどういったものか、それを考えることも重要だろう。これは、開発独裁と強く関連していると考えられる。ポイントは、韓国企業がいかにして有利に競争を進められる環境を手に入れるか、という点だ。

まず韓国の財閥系企業は、世界的なシェアを拡大するため、政府に近づき、有利な競争環境を手に入れたいと考える。国際市場では、日米中などの企業との競争が熾烈《しれつか》化している。同時に韓国国内では、少子化、高齢化、人口減少が同時に進み、国内市場だけを重視していては、企業を存続させていくことは難しい。

サムスン電子をはじめとする大手財閥系企業は、グループ全体の効率的な運営体制を整備しつつ、国際競争力を高めなければならない。そして歴代の保守派政権は、先述の通り財閥系企業を優遇し、輸出中心の経済成長を目指した。しかし二〇一一年半ば以降、中国経済の成長率が鈍化し、韓国経済の成長の勢いにも陰りが見え始めた。

そうしたなか、韓国の企業経営者は、「朴槿恵政権が『二一世紀型漢江の奇跡』ともいうべき輸出主導型経済に磨きをかけてくれるだろう」と期待した可能性が高い。その期待があったからこそ、朴政権からの配慮を得るため、大手財閥系企業は政権に近づこうとしたと見られる。そうした発想がなければ、大手財閥系企業が崔順実氏の運営する財団や娘に便宜を図ろうとはしなかっただろう。

＊韓国の政治に中道が存在しないわけ

二〇一七年に朴槿恵氏は、大統領を罷免された。その原動力となった一つの要素が市民デモだ。二〇一六年一〇月以降、「ろうそくデモ」と呼ばれる大規模なデモが連日のように繰り返され、大統領の辞職を求める世論が勢いづいた。

期待が大きかった分だけ、それが裏切られたときの悲しみは大きくなりやすい。朴槿恵大統領のスキャンダルを知ったときの韓国国民がそうだった。

特に、経済運営に関する失望感は大きかっただろう。なぜなら、中国経済の成長率が徐々に低下し、韓国国内で格差、雇用、賃金への懸念が高まっていたからだ。さらに韓国では、家計の債務問題も深刻化してきた。当初、世論はその状況を変えてくれると考え、朴槿恵政権の取り組みに期待していたのだ。

しかし朴槿恵政権は、人々の期待に応えることができなかった。また朴政権は、「開発独裁の呪縛《じゅばく》」に取り憑《つ》かれてしまったともいえるだろう。そのうえ知人が国政介入して私腹を肥やしていったことが発覚し、国民を失望させた。多くの若者がデモに参加したことを見ると、将来への希望を失い、やり場のない感情の発露として、デモに参加したのだろう。

こうした状況では、保守派が政権を維持するのは、かなり難しい。一時、保守派の有力候補として潘基文《パンギムン》前国連事務総長が注目された。しかし最終的に、同氏は大統領選挙への出馬を断念した。

その理由として潘氏は、「自身への批判が断念の理由である」と述べた。それに加え、朴槿恵政権下でのスキャンダル発覚を受け、左派への支持が高まったことも、出馬を取り下げた要因になっただろう。のちのちの身の安全を考えると、大統領選挙への出馬は見送らざるを得なかったといっても過言ではない。

それほど朴槿恵政権下での市民デモには、凄まじい怨念《おんねん》のような心理が反映されていた。「ろうそくデモ」は、保守派政治へ「ノー」を突き付けた民意に他ならなかった。

続く二〇一七年の韓国大統領選挙の焦点は、どれだけ過去の政権との違いを鮮明化し、人々の「恨」の受け皿としての存在感をアピールできるか、だったといえるだろう。この点は韓国の政治を考えるうえで重要なポイントだ。

韓国の政治家は大衆に迎合《げいごう》しているといわれることがある。ただ、それがすべてではない。また、イタリアなど欧州のポピュリズム（大衆迎合）政治と比較すると、韓国の文化や国際的な立場は大きく異なる。

背景には、開発独裁を基礎として、過去の保守派政権が財閥系企業と強く連携してきた韓国の経済発展の歴史がある。財閥への優遇が続くあまり、経済格差は固定化されてしまったのだ。

こうして格差が拡大すれば、人々はその状況に不満を募らせる。さらに格差が固定化してしまうと、自助努力では対応が難しいことが増え、人々は自らの境遇に嫌悪感を募らせる。そしてついには、その状況は周囲の責任だと考え始めるのだ。

そんな韓国では、二〇一〇年頃から、「三放世代」という言葉が使われるようになった。それは、「恋愛」「結婚」「出産」を諦める若者が増えている状況を指す。人生にやりたいことがn個あると仮定し、そのすべてを諦める「N放世代」との表現まで出始めている。富裕層や政治家に対してだけでなく、韓国という国そのものに対して恨みを募らせる若者が多いようなのだ。

加えて、軍事独裁政権が人々の自由を徹底的に抑え込んだため、韓国の世論には、反対側の左派政治家こそが市民や弱者の味方であるとの印象が強いのだろう。

ただ、こうした要素は、放漫な財政運営に慣れ、財政の立て直しに反発し、ポピュリズム政党を支持するイタリアなどの政治潮流とは異なるように見える。たとえばイタリアなどでは、状況によってポピュリズム政党が既存の政党と連携するケースが見られる。しかし韓国では、保革が、完全に分断されている。これまでの流れを踏まえると、融合は考えづらい。

――韓国世論は、左派か保守派か、二者択一なのだ。

そんな韓国の左派政治家は、様々な側面で、抑圧されてきた民意を汲《く》み取らなければならない。韓国の左派が「恨」の受け皿としての存在感を示す晴れ舞台だ。

二〇一七年五月の大統領選挙では、まさにこの点が鮮明となったといえるだろう。大統領選挙の結果、盧武鉉元大統領を側近として支えた文在寅氏が大統領に当選した。彼が大統領選挙戦のなかで掲げた公約を見ると、その理念は、保守派の考えとは真逆だった。

このように考えると、文大統領は自らの政治を革新と位置付けてはいるが、その本質は別のところにある。それは、何か新しい取り組みを進めて社会に変革を起こすことではない。

文大統領の誕生後、韓国の社会全体が安定し、経済などの基盤が強化されると考えた市場参加者や経済専門家は少ない。むしろ文政権の発足とともに、米国との関係が読みづらくなると考える専門家のほうが多かった。

朴槿恵政権でのスキャンダルが韓国全体を「恨」の心理に陥れ、その受け皿として、文政権が誕生した。この変化の意味は重大だ。韓国の世論においては、中道を目指すことが考えづらくなり、保守派と左派以外の価値観を持つことが難しくなっているのではないか。

＊文大統領に財閥解体はできるか

世界のなかでも韓国の政治は特異に見えて仕方がない。

民主主義の機能とは、多数決の論理によって社会にある多様な利害を調整し、国全体を一つの方向にまとめ、必要な取り組みを進めることにある。その際、できるだけ長期の視点で国力の向上を目指し、より多くの人々の賛同を得ることが重要だ。

しかし韓国の政治では、多様な利害を調整するというよりも、保守派と左派の各陣営が自己保身に陥ってしまっているのではないか。

ただ保革間で政権交代が起きても、経済運営の実態は変わらないし、簡単には変えられない。リーマンショック後、韓国経済が自力で成長を目指すことに関しては、年々、その難しさが増している。

本来、韓国が潜在成長率を引き上げるためには、外資を誘致したり、国内の労働市場の改革を進めたりして、ＩＴ先端分野など、より成長期待の高い分野に経営資源が再配分されるようにしなければならないのだ。

韓国が参考にすべきは、ドイツのゲアハルト・シュレーダー政権が進めた構造改革だ。

このシュレーダー政権は職業訓練を強化し、個々人の能力の拡充をサポートした。同時に、職業紹介制度も強化した。

また経済の安定のためには、一人一人が、より長く働こうとする環境も必要だ。ドイツでは失業給付と生活保護を一体として扱い、紹介された職業を拒否した場合は社会保障の給付を削減した。これによってドイツは、財政支出負担を軽減しつつ、より長期間にわたって人々が働くようインセンティブを付与することができた。

その結果、一時は「欧州の病人」といわれるまでに落ち込んだドイツ経済は息を吹き返し、リーマンショック後の回復を下支えした。

一方、韓国では、人々の自主的な取り組みを刺激することすら難しくなっている。多くの人が現状維持の状態にしがみつき、そこから離れられなくなってしまっているということだろう。

たとえば労働組合の活動の結果、企業が労働組合員の満足度を高める手段と化してしまったようだ。さらには、労働組合が政治的で強大な影響力を持ち合わせているので、為政者がその状況にメスを入れようものなら、「政治家が社会不安を煽《あお》っている」などと批判されてしまう。

　また若年層は、文在寅大統領を支持する基盤の一角だ。しかし大統領としての労働市場改革は、失業率が高止まりしている若年層の雇用環境を、さらに深刻なものにするだろう。失業問題が悪化すれば家計の資金繰りが厳しくなり、中小企業や自営業者の事業継続にも支障を来《きた》す。「N放世代」と呼ばれる若者の心理が一段と悪化することは想像に難くない。

　しかし、そうしたリスクを冒《おか》してまで、文大統領が改革を進めることはできないはずだ。政権発足当初、文大統領は、「財閥の解体に踏み込む」とまで述べて意気込んだ。ただ、その後、経済環境が不安定化すると、文大統領は急速に財閥系企業に近づきつつ、経済政策の成果をアピールしようとした。しかも格差問題など経済や社会が抱える問題は、時間の経過とともに深刻化する傾向にある。

　文大統領にできることは、世論の目を海外に向けさせて、自分への非難が増えないようにすることとくらいであった。

　そして保守派から見れば、歴代大統領経験者の逮捕は、左派からの報復だと映るだろう。現在の報復をやめさせるためには、保守派が政権を奪還しなければならない。そのうえで保守派の政治家は、自分たちの立場を守るため、過去の左派政権の不正を追及するしかない。

✳中国の技術革新でお払い箱になる韓国

韓国では将来も、保守派と左派が批判し合い、保革分断ともいうべき状況が続くだろう。保守派と左派の政治家が自分たちの立場を守ろうとするあまり、世論は分断され、国全体の利害調整がいっそう難航するだろう。そして、これは韓国経済を縮小均衡に向かわせるだけでなく、経済の停滞感が社会全体に重くのしかかる状況を作るだろう。

保革分断に拍車がかかり、社会心理が不安定になることは、資金の調達を海外に依存してきた韓国にとって軽視できないリスクだ。投資家や経営者が海外への投資や進出を計画する際、その国の政治情勢が安定していることは、投資の是非を決定するうえで重要な要素である。さらには国が構造改革などを重視し、長期的に向かうべき方向性が見通せることも、投資の意思決定に大きく影響する。しかし韓国の政治を見ていると、自国が世界経済から見放されてしまうといった危機感が、まったく感じられない。

国全体で規制などを見直し、その変革を通して経済や社会全体の活力を高めることは、政治の専権事項である。時には政治運営の理念を見直すことも必要だ。

たとえば一九九〇年代の欧州では、英国のトニー・ブレア政権が、社会主義的な経済運営への傾注でもなく、市場原理を取り入れつつセーフティーネットを整備し、人々が安心してチャレンジできる環境の整備を目指した。一時期、英国をはじめ欧州各国では、中道左派的な政策運営を「第三の道」と呼ぶ時期があった。

ただ、この政策理念は、リーマンショックやその後の欧州ソブリン危機の発生を受けて、大きく後退してしまった。現在では、欧州や米国では、自国の事情を優先する政治が支持されている。

典型例が米国のドナルド・トランプ政権だ。トランプ政権はグローバル化を批判し、世界に張り巡らされたサプライチェーンをノコギリで切るかのように寸断、自国企業などに対し、米国に投資を行って雇用を増やすよう求めた。

またトランプ政権は、日韓、ＥＵ、ＮＡＦＴＡ（北米自由貿易協定）加盟国のカナダやメキシコに対して通商協定の再交渉を行い、状況によっては制裁関税を発動することで圧力をかけた。こうしてトランプ大統領は、製造業の復興を実現し、白人労働者階級などの支持を得ようとしているのだ。

加えて二〇二〇年一月末には英国のＥＵからの離脱（ブレグジット）が実現し、今後の通商協定がどのように協議されていくのかは不透明だ。国際社会では、経済環境の変化とともに、政治情勢が大きく変わっている。

そうした変化に対し、韓国は、うまく対応できていないように見える。理由は、朝鮮戦争以後から続いてきた保守派と左派の対立があることに尽きる。

韓国にとって最大の輸出国である中国では、投資に依存した経済成長が限界を迎えた。さらに、新型コロナウイルスの感染拡大を受け、人々は中国共産党に対して疑念を強め始めている。その状況が続くと、中国経済の不安定感は、さらに増すだろう。

同時に中国では、半導体や人工知能の開発が進められ、監視システム、EV（電気自動車）、工場自動化など、IT先端分野における革新が急速に進んでいる。成長の限界を迎えると同時に、IT先端分野での革新が続いているのだ。

こうした状況下で一つ確実にいえることは、中国が韓国からモノを買う必要性が低下する、ということだ。中国にとっては、韓国から半導体を仕入れるよりも、自国内で安価で品質の安定したDRAMなどを量産したほうが、経済成長にはプラスになる。すでに、中国国内では京東方科技集団（BOEテクノロジーグループ）が有機ELパネルの生産技術を蓄積し、アップルへの供給を目指しているようだ。またDRAM分野でも、その量産体制が整いつつある。

現実的に考えると、韓国には、保革分断に執着している暇《いとま》はないはずだ。韓国の政治家は可及的速やかに、国際社会との信頼関係を築いて経済体制を刷新するための議論を始めなければならない。

それができなければ、糸が切れた凧《たこ》のように、韓国は国際社会のなかで翻弄《ほんろう》され、米中の政治や経済の動向に振り回される。世論が「恨」を溜め込む状況がより鮮明化するだろう。

第五章　文大統領の政策の愚

＊南北統一は夢のまた夢

第五章では、二〇一七年五月の大統領選挙で当選した文在寅大統領の政策を確認し、今後、韓国がどのようになるかを考えたい。文大統領の政策の根底には、「南北の統一」と「反日」がある。これらに対しては、世論の関心も強い。

まずは文政権の北朝鮮政策を確認しよう。端的にいって、文大統領の対北朝鮮融和姿勢は「夢」だ。夢には実体がない。文大統領が南北統一を呼びかける一方で、国民全体がそれに賛同しているわけではない。韓国経済に南北統一を進める力があるとも思えない。また国際情勢も、韓国主導による南北統一を許さない。

にもかかわらず、文大統領は、かなり前のめりの姿勢で北朝鮮との関係を重視している。しかし北朝鮮は、その姿勢を批判している。冷静に考えれば考えるほど、文大統領の主張は荒唐無稽《こうとうむけい》に思える。

また国際社会が北朝鮮への制裁を続けているなか、韓国が体制維持を目指す金王朝に近づくことを危険ととらえる安全保障の専門家は多い。文大統領はそうした懸念に配慮することなく南北統一を夢見ているのだ。

大統領選挙戦中から、文大統領は、北朝鮮との関係を重視する発言を繰り返してきた。その主な内容は次の通りである。

まず、閉鎖されている開城《ケソン》の工業団地を即刻再開する。この工業団地は北朝鮮南部の開城市郊外に設けられた経済特区で、その発足は金大中政権が当時の金正日総書記と行った会談にさかのぼる。

この点において、開城工業団地の再開は、左派政権が北朝鮮との融和の象徴としてきた「太陽政策」の再開・推進と解釈することもできる。当然のことながら開城工業団地の稼働再開は、北朝鮮が外貨を獲得するために重要だ。

次に文大統領は、北朝鮮東南部にある金剛山《クムガンサン》の観光事業の再開も主張した。金剛山観光地区に関しても「太陽政策」の一環として、韓国資本による道路などのインフラ整備が行われた。この金剛山観光事業も、北朝鮮の外貨獲得手段となってきた。

また韓国の大統領選挙戦の最中、北朝鮮が弾道ミサイルの発射を行った。本来であれば日米韓が連携し、極東の安全保障体制を強化しなければならない。にもかかわらず文大統領は、米国の地上配備型ミサイル迎撃システム（ＴＨＡＡＤ）配備に対して消極的な発言を繰り返した。

わが国から見ると、こうした前のめりの北朝鮮との融和姿勢には、不安を覚えざるを得ない。しかし韓国国民は、徹頭徹尾、北朝鮮との融和と統一を主張し続ける文大統領を、国家の最高権力者に選んだ。その背景には、シニア層を中心に、自分が生きているあいだに北朝鮮に住む親族や知人との交流を実現したいという思いがあるのだろう。

一方、韓国の世論には、南北統一を重視しない層もある。一部の世論調査では、南北統一への賛成意見は五〇％程度であり、反対する人が二〇％程度いると報じられている。

特に若者には、南北統一が目指されるのであれば、自分たちの生活がさらに苦しくなるのではないかとの危惧《きぐ》があるだろう。「N放世代」と呼ばれる人生を諦めたともいうべき心境の若者が増えるなか、彼らが「自分の生活さえままならないのに、南北統一のためにさらなる負担が生じることには耐えられない」と考えることに何ら不思議はない。

当たり前のことだが、南北統一を進めるためには、莫大な経済的負担が発生する。

二〇一六年、韓国の一人当たりGDPは二万七六〇〇ドル（約三〇〇万円）程度だった。一方、北朝鮮の一人当たりGDPは一三〇〇ドル（約一四万円）程度と推計される。北朝鮮の経済統計データの不備を考えると、実態はそれ以上に深刻ともいえる。なお、旧東西ドイツの統一の際、旧東ドイツの一人当たりGDPは、旧西ドイツのほぼ五〇％だった。

ここから導かれることは、南北統一には、韓国だけではなく、その他の国からも、多額の資金支援が欠かせないということだ。慢性的なドル不足に悩む韓国が、すべての資金を拠出して南北統一を目指すことは、不可能といっても過言ではない。

そう考えると、韓国が北朝鮮との関係改善を目指すことですら、国際社会の理解や協力が欠かせないと分かる。たとえば米国は、北朝鮮との融和や南北統一を論じる以前に非核化への議論を進めなければならない、と考えている。文政権が南北統一を目指して米国と議論しようにも、取り付く島もないというのが実情だ。

北朝鮮サイドの視点から考えてみても、統一によって独裁体制が維持できなくなるのであれば、金正恩朝鮮労働党委員長は、韓国主導での南北統一に応じることはできない。中国やロシアが、韓国主導の南北統一を認めるとも考えづらい。やはり文大統領の南北統一の夢に国際社会が賛同する状況にあるとは思えないし、その状況が早晩実現するとも想定しづらい。

このように考えると、南北統一の夢を追求する文政権の姿勢には、かなりの不安を覚える。本来であれば、北朝鮮問題は、韓国一国で解決できる問題でも、解決すべき問題でもない。それには、米国、中国、ロシア、日本など、あまりに多くの国の利害が絡む。

中国にとっても、ロシアにとっても、北朝鮮は重要な存在だ。中国は米国との直接対峙を避けつつ、極東地域での影響力を維持・強化するために北朝鮮を手懐《てなず》けておきたい。同時にロシアも、軍事的に、あるいはエネルギー供給などを通した影響力拡大を狙い、北朝鮮との関係を維持したい。一方、米国は、自国民を北朝鮮の核の脅威から守らなければならない。

こうしたことのためには、日米韓の連携を通じて北朝鮮に圧力をかけつつ、対話路線を模索する必要がある。文政権はこの現実から目を背《そむ》け、夢を追い求めることで、左派政権の基盤を安定させようとしているようにしか見えない。

＊中国に軽視され米国の疑念を招く文大統領

文在寅大統領は一貫して中国との関係を重視し、強化しようとしてきた。南北統一の夢を追い求めるために、中国からの配慮を得たいのだろう。また、文大統領が目先の国内経済の安定を目指すためにも、中国との関係は重要だ。

文大統領の対中姿勢を見ていると、「朝貢外交」という表現が適切と思えるほどだ。文大統領は中国にとって都合の良い発言を繰り返している。それによって、中国は自ら動くことなく、極東地域への影響力を強めることができる。すると、北朝鮮のリスクに国際社会全体が対応することが難しくなる。

文大統領はそのリスクを十分に理解できていないようだ。韓国は、自国の最高意思決定権者として、相当に危険な人物を選んでしまったといえる。

この文大統領は、二〇一九年一二月、中国の習近平国家主席と会談した。その席で習主席は、自国が進める一帯一路構想などを念頭に、多国間の貿易取引の重要性を主張した。文政権は、それに対して客観的な見解を述べて一定の距離を保とうとするのではなく、中国との関係を戦略的に発展させることが重要であるとの認識を示した。

中国が多国間の貿易取引を重視するのは、自国を中心とした世界経済の運営を目指したいからだ。中国は一帯一路の経済圏を整備することによって、人民元の流通範囲を拡大させたい。そうすれば、日本が経験したような自国通貨がドルに対して上昇する逆風を避けることができる。

一帯一路のプロジェクトのもと、中央アジアなどでは、人民元での取引が進んでいる。人民元を用いた投資や貿易の決済が増えれば、中国は為替レートの変動からの影響を減らすことができる。それは、中国が、鉄鋼やセメントなど国内にある過剰生産能力の輸出を加速させ、海外の需要を取り込むために欠かせない。

中国はこうした目論見《もくろみ》のもとで一帯一路構想を進めている。それに多くの国が参画しやすくなるよう、習主席はＡＩＩＢ（アジアインフラ投資銀行）を設立し、各国にインフラ開発資金の援助を申し出ている。

これらの取り組みは、国際社会の利害調整を経て進められているのではない。あくまでも中国の利益だけを目指している。

そこで中国の自己中心的な行動を食い止めるために、米国のバラク・オバマ前大統領は日本などと協力して、ＴＰＰ（環太平洋パートナーシップ協定）の実現を重視した。それは、米国を中心にして世界各国が、貿易、投資、競争などに関するルールを統一し、自由主義に基づいた経済運営を進め、多国間の連携強化を目指した取り組みだ。

ＴＰＰとは、ソフトパワーを用いた米国を中心とする対中包囲網の形成、と言い換えることもできる。

輸出によって成長を遂げてきた韓国が、長期の視点で経済の安定と潜在成長率の引き上げを目指すには、ＴＰＰをはじめとするより公正で自由度の高い経済連携を模索すべきだ。

先述の通り、近年の韓国経済は、中国への依存を高めてきた。同時に、内需はＧＤＰの半分程度に過ぎず、自力で景気を落ち着かせることが難しい。経済の安定を目指すために韓国は、経済成長に欠かせない付加価値創出の源泉を分散しなければならない。そのために、公正と自由を価値観とする多国間の経済連携に参画する意義は大きい。

しかし中国に接近する文大統領は、こうした考えを持っていないようだ。文大統領は、社会に痛みを強《し》いることなく景気を維持し、持ち直させたい。そのためには、これまで韓国が依存してきた中国からの配慮を取り付けなければならない。これが難しい場合、文大統領は保守派の巻き返しに遭い、政治基盤が絶たれてしまう恐れがある。

また中国にとって、文政権が北朝鮮との融和を重視していることも好都合になる。二〇一七年一二月、中国は、北朝鮮との国境地帯に難民を収容する施設の設営に着手したと報じられた。当時、北朝鮮の金正恩朝鮮労働党委員長は、独裁体制の後見人である中国の警告に耳を貸さず大陸間弾道ミサイル（ＩＣＢＭ）などの発射や核実験を行い、瀬戸際外交を続けた。この状況下で中国は、米国が北朝鮮に攻撃を行い、難民が自国に流入する展開を恐れた。中国にとって重要なことは、北朝鮮がおとなしくしていることだろう。

すでに習主席は、自国と韓国は北朝鮮政策に関して利益が一致していると発言している。実際、中国は国連安全保障理事会の制裁決議に反し、国内で北朝鮮からの出稼ぎ労働者が働くことを黙認しているが、文大統領は「その姿勢を高く評価する」と述べている。南北統一の夢を追いかけ、また国内経済の目先の安定を重視するあまり、文大統領の中国への接近姿勢はとどまるところを知らない。

同時に中国は、米中通商摩擦などへの対応のために、日本との関係を重視するようになっている。経済成長の限界を迎えた中国にとって、本当のところ、韓国を真剣に相手にするゆとりはない。文大統領は、完全に、中国から足許を見られてしまい、かつ安全保障の基礎となる米国との関係を強化することが難しくなっている。

＊南北統一と反日の関係

この文在寅政権は、親北朝鮮と親中国の姿勢を鮮明にする一方で、日本に対しては強硬姿勢を貫いている。元徴用工への賠償問題や日韓ＧＳＯＭＩＡの破棄騒動などが続き、戦後最悪といわれる日韓関係が修復に向かうのは難しい。韓国の反日感情がさらに勢いづく可能性も否定できない。

これまでの展開を振り返ると、韓国の政治家は、反日心理が高まりすぎている場合には、わが国に対する姿勢を変化させようとする場面もあった。たとえば二〇一九年六月のG20大阪サミットに際し、文大統領は、わが国との首脳会談の実施を求めた。その背景には、文大統領の反日姿勢が国内世論の対日強硬姿勢を勢いづかせてしまい、対話の糸口が完全に閉ざされることへの危機感が見られた。

日韓の対話が困難となれば、経済界や保守派が文大統領を批判し、支持率が低下する恐れがある。同時に、「韓国として日本にしかるべき対応をするよう要請した」と、世論にアピールする狙いもあったはずだ。

しかしながら日本としては、韓国から対話を求められたとしても、何をどう議論すれば良いかが分からない。最大の原因は、韓国がルールを守らないからだ。国家間の対話は政府間の協定などに基づくのである。

ところが韓国は、繰り返し、国家として日本と結んだ協定を一方的に破棄したり、無視したりしてきた。いわゆるゴールポストを動かす行為である。

二〇一五年一二月、日韓が従軍慰安婦問題に関して「最終的かつ不可逆的な解決」を表明した。しかし、その合意に基づいて設立された「和解・癒やし財団」は、韓国側の判断によって一方的に解散が決定された。

さらに二〇一八年一二月には、韓国の駆逐艦が海上自衛隊のP1哨戒機《しょうかいき》に火器管制レーダーを照射するという前代未聞の事態まで発生した。

こうした韓国の行動を見る限り、日韓が冷静に、過去の協定などに基づいた議論を進める環境が整っているとはいえないだろう。そのため、G20大阪サミットでの首脳会談は見送られた。この日韓の関係冷え込みに関して米国内には、「米国の仲介を求めるのはお門《かど》違《ちが》いだ」という厳しい見方がある。韓国は国家としての約束を守らなければならない。

このように考えると、自らの立場が厳しさを増すに伴い日本に対話を呼びかけてきた文大統領の姿勢は、あくまでも表向きのものであり、本心から対日関係の改善を目指しているとはいえない。日韓の首脳会談が見送られたあとも、ことあるごとに韓国は日本を批判している。

この背景には、南北統一の夢が隠されているのだろう。すでに述べた通り、そもそも国際情勢が許すか否《いな》かは別にして、南北統一を韓国だけの負担で実現することは困難だ。文大統領は歴史問題を中心に日本への批判を続けながら国際社会の同情を得たい。また韓国の左派政治家は、南北統一のため、その資金を日本から引き出す目的で反日姿勢を強めているようにも見える。

同時に、南北統一への関心を高めることは、韓国世論が溜め込んできた経済への不満を和《やわ》らげることにつながるかもしれない。実際、一部の投資家のなかには、南北が統一すると北朝鮮という未開の需要を韓国が取り込むことになり、韓国経済は飛躍の時代を迎えるだろうと、かなり楽観的なシナリオを語る者もいる。

ただ文大統領にとって重要なことは、そうした可能性が高まるか否《いな》か以前に、南北に分断された家族の再会などが達成されるだけでなく、経済面でも大きな果実が手に入るという「夢」を世論に示すことだろう。かなり現実離れした夢ではあるものの、そうでもしない限り、文大統領が求心力を保つことは難しいのだろう。

それほど韓国経済における「持つ者」と「持たざる者」の格差は深刻であり、多くの人がやり場のない閉塞感《へいそくかん》を抱えている。先行きを考えても、韓国経済の持ち直しは期待しづらい。また中国経済の成長の限界は、韓国経済にとって大きなリスクだ。さらに、新型コロナウイルス感染症の発生によって、世界全体で人の動線が寸断されている。

しかし韓国では、金融政策の発動余地も乏しい。加えて、人口が減少する局面において財政出動を進めたとしても、需要の創出は期待しづらい……。

文政権下での韓国経済の不安定感の高まりは、これまでの開発独裁、中国依存、サムスン電子一本足打法という経済運営のツケが噴出している状況だといえる。その状況を韓国が自力で解決することが難しいため、日本への批判を続け、後々の有利な交渉条件を確保し、世論対策に使おうとしているのだ。

このように考えると、韓国の反日姿勢が解消に向かうことは考えづらい。政権が保守派に移行したとしても、対日強硬姿勢をとる可能性はある。今後も、自国の政治、経済、外交の厳しさが増せば増すほど、韓国は反日姿勢を強めるだろう。

＊富を富裕層から低所得層に移すだけの政策

左派の文在寅大統領の政策を見ていると、増税や規制強化など、主要国の政策運営とは異なる理念が重視されているようだ。文政権の政策は、政府の力によって大企業から経営資源を吸い上げ、それを中小企業や低所得層に配分しようとしているように見える。それが同氏の呼ぶ「所得主導の成長」なのだ。

大統領就任後は、富める者から貧しい者への所得の分配を目指し、富裕層や大企業に対する増税策を導入した。

具体的には、所得の総額が五億ウォン（約四五〇〇万円）を上回る個人に対する税率を四二％に引き上げた（従来から二ポイントの引き上げ）。また、法人税に関しては純利益二〇〇〇億ウォン（約一八〇億円）を超える企業に課す税率を二二％から二五％に引き上げた。報道では、一二九社だけが法人税引き上げの対象だ。これによって文政権は、中小企業や低所得層への分配を進める財源を確保しようとしたのだ。

また規制強化に関し、文政権は、長時間労働を是正するための短時間労働制度を導入した。そうして二〇一八年七月からは、改正勤労基準法により、一週間の労働時間の上限を六八時間から五二時間に短縮した。

この法律の施行は、企業規模別に、段階的に行われた。文政権は、労働時間を短縮することによって働きすぎを解消しつつ、雇用を創出しようとした。これは、労働組合をはじめ文政権の支持基盤に配慮した政策だといえる。ただ働きすぎの解消は理解できるが、労働時間の短縮が雇用創出につながるか否かは不透明だ、と考える韓国経済の専門家は少なくなかった。

しかし、この韓国版の「働き方改革」に対し、中小企業からは反発の声が上がった。その理由の一つとして、人手不足が深刻化してきたことがあるだろう。

人手不足は近年の世界経済に共通する問題だ。わが国では人手不足のために経営が行き詰まり、倒産に追い込まれる中小企業が増えてきた。人口問題が日本よりも深刻といわれる韓国において、人手不足はさらに深刻である。

また、労働時間が短縮されれば生産活動に支障が生じ、収益の獲得が難しくなる中小企業が増える恐れもある。労働時間を短縮しつつ生産などの水準を維持するため、企業は、追加の人員を雇わなければならなくなる。結果、それは収益を圧迫する。

文政権は当初、二〇二〇年一月から、従業員五〇〜二九九人の企業に対し労働時間の短縮を適用する方針だった。しかし収益状態の悪化を懸念する企業が増え、導入を延期せざるを得なくなった。また、労働時間の延長の認可も出し始めた。文政権の「働き方改革」は、企業に、大きな混乱をもたらしたといえる。

単純に考えると、文政権の経済運営は、すでに国内にある富を右（富裕層）から左（低所得層）に移しているに過ぎない。より成長期待の高い分野に経営資源を再配分し、効率的に付加価値を創出するといった考えは、ほとんど見えない。

本来、所得主導の経済成長には、ＧＤＰ（国内総生産）の増大が欠かせない。経済学の理論に基づいて考えると、ＧＤＰは「個人消費」「投資（設備投資など）」「政府支出」「純輸出（輸出マイナス輸入）」の四つの需要項目を合計することによって求められる。GDPとは企業の収益と給料の合計額であり、言い換えれば、一国が一定期間に生み出した付加価値の総計なのだ。

また、経済学には「三面等価の原則」という考えがある。それは、「生産」「分配（所得）」「支出」のいずれの面から見てもGDPは同じである、ということだ。つまりGDPが増えるということは、所得の増加と同義である。韓国が所得主導の成長を目指すためには、四つの需要項目の合計額を大きくしなければならない。

しかし文政権の経済運営を見ていると、各需要項目をどのように増やすか、具体策が示されていない。それは、付加価値の創出を目指した政策の運営とは異なる。むしろ、所得主導の成長を目指すために資産を吸い上げられる側は、政策に対する反発を覚えるだろう。

それは、あたかもイソップ寓話《ぐうわ》に出てくる「北風と太陽」の北風のような政策といえる。寓話のなかで北風は、太陽と、どちらが早く旅人のコートを脱がすことができるかを競う。北風は、冷たい風を吹き付けて旅人のコートを吹き飛ばそうとする。凍《こご》える旅人はコートを手放すまいと、さらに強く襟《えり》元を押さえて抵抗する。反対に太陽は、強制ではなく、日光を当てることによって旅人の体を温め、無意識にコートを脱ぐような環境を整備する。

行動経済学の理論では、太陽のようにそれとなく人々により良い行動を意識付ける政策、あるいはそれに関連する取り組みを「ナッジ」と呼ぶ。このナッジとは、肘で軽くつつく、という意味だ。主要国では、ナッジの理論を用いて、人々がより良い選択を行い、経済全体の厚生を高める政策運営に関心が集まっている。

このように考えると、文政権の政策運営姿勢は、増税や規制強化の是非を問う以前の問題だ。文政権には経済運営に精通したブレーンがいないのではないか、とさえ思えてしまう。

社会全体が政策に納得して増税が実施され、社会保障制度の拡充など市民生活の安定が実現されるのであれば、増税の意義はあるだろう。また、経済の寡占を解消するために新しい規制を設けることは、韓国経済の活力向上に資する可能性がある。

しかし、文大統領が就任して以降の韓国経済では、停滞懸念が高まっている。二〇一七年一〇～一二月期と二〇一九年一～三月期のGDP成長率は、前期比で、ついにマイナスに陥った。文大統領の増税や規制強化は、経済の成長力を削《そ》いでしまっているように見える。

本来、政策とは、合理的な理屈を以て社会が抱える問題を解消し、より良い状況を目指すための政府の取り組みである。この定義に基づくと、文大統領の経済政策および経済運営は、失敗しているといわざるを得ない。

✻経済成長なしに賃金を引き上げると

最低賃金の引き上げも、文在寅大統領の経済運営が失敗したと考えられる大きな要因だ。文大統領は「二〇二〇年までに最低賃金一万ウォン（約九〇〇〇円）」を公約に掲げていた。

この最低賃金の引き上げも、経済原理を無視して進められた。その結果、韓国では企業経営が圧迫され、所得や雇用の環境が悪化してしまった。なお、韓国では一九八八年から最低賃金制度が運営されてきた。現在では、一人以上の従業員を雇うすべての企業に、政府が定めた最低賃金を導入することが定められている。

ここで、経済理論に基づいて、賃金がどう決まるかを確認しておこう。先述した通り、GDPは経済全体で生み出された企業の収益と賃金を合計したものである。まず、企業はモノやサービスを供給する。それらが需要され、収益が獲得される。その一部を資本と労働者に分配する。

このとき、付加価値のうちどれだけの割合が資本に分配されたかを、資本分配率と呼ぶ。他方、付加価値のうち労働者が受け取る割合を、労働分配率と呼ぶ。大まかにいうと、世界の主要先進国の資本分配率と労働分配率の関係は、おおよそ三：七だ。なお近年、先進国では、労働分配率は低下傾向にあるといわれる。

重要なことは、企業の成長こそが、株主など資本家への還元と、賃金の増加を支える。そして企業の成長とは、新しいモノやサービスを生み出し、より多くの付加価値を得て、社会的な信用力を高めることと言い換えても良い。

収益を生み出すためには、事業運営の効率性（新しい設備導入に向けた投資の実行や人材の育成など）を進めなければならない。同時に、企業は研究開発を強化するなどして、人々が欲しいと思うモノを生み出すことに取り組む必要もある。そうした取り組みを進めることが、賃金の底上げには欠かせない。

逆にいえば、経済成長を伴わないまま賃金を引き上げれば、企業経営に負の影響が生じるということだ。

図表15　韓国の最低賃金額とその伸び率の推移

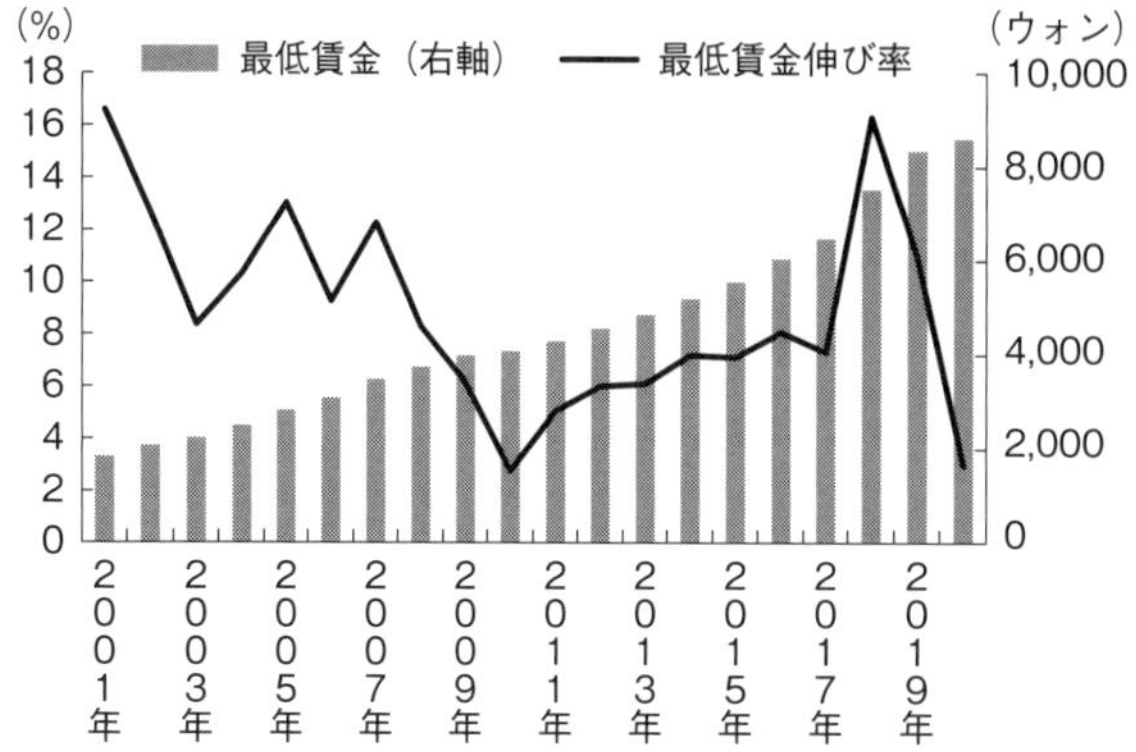

出所：韓国最低賃金委員会資料

✻GDP成長率と乖離した賃上げ率

ただ、文在寅大統領の最低賃金の引き上げを確認すると、こうした理論とは、かなり乖離《かいり》している。それは、最低賃金の引き上げ率を見れば一目瞭然だ（図表15）。

文政権下の韓国では、二〇一八年の最低賃金が一六・四％、二〇一九年は一〇・九％と、大幅に引き上げられた。この間、実質GDP成長率はそれぞれ、二・七％、二・〇％だった（一七ページ図表1）。明らかに、文政権の最低賃金の引き上げはやりすぎだ。

リーマンショック後から文政権発足までの最低賃金の伸び率も、年平均六％と高い。

経済の実力を裏付けとしない勢いで最低賃金が引き上げられれば、経済活動が大きく停滞しかねない。最低賃金の大幅な引き上げを受け、中小企業などの経営者からは悲鳴が上がったのは当然だろう。

文政権の発足後、二〇一八年には、半導体市況の悪化や米中の通商摩擦から、韓国経済の減速懸念が高まった。サムスン電子ですら業績の悪化を免れないなか、中小企業が一段と厳しい状況を迎えていたことは、容易に想像できる。

一方、文大統領は労働組合などの支持を取り付けることを重視するあまり、無理やり最低賃金を引き上げてしまったのである。

この結果、飲食や小売業を中心に、小規模の事業者がコストの削減を余儀なくされた。それが雇用を減少させた。

すると経済に関する十分な理解を持っていない文大統領も、さすがにこの状況に耐えられなくなった。二〇一九年七月、文政権は翌年の最低賃金を前年から二・九％引き上げるにとどめ、八五九〇ウォン（約七七三円）に据え置いた。事実上、二〇二〇年までに一万ウォンに最低賃金を引き上げる公約は、実現が困難となった。

なお韓国政府も、最低賃金の引き上げが雇用の減少につながったとの調査結果を公表した。労働組合など文大統領の支持層は公約撤回を批判したが、彼は最低賃金の引き上げ抑制にかじを切らざるを得なくなった。

以上をまとめると、文大統領の経済運営は失敗したといわざるを得ない。特に気がかりなのは、最低賃金の引き上げによって、低所得者の雇用が奪われてしまったことである。

文大統領は「所得主導の成長」政策によって経済格差の改善を目指しはしたものの、経済理論を無視した政策の立案と執行によって、結果的には格差問題をさらに深刻化させてしまった。文大統領その人が、韓国経済を縮小均衡に向かわせているとさえいえる。

最低賃金の引き上げによる雇用環境の悪化から、若年層の失業率は高止まりしていることも、重大な問題だ。

実際、新型コロナウイルスの感染拡大を受け、韓国でも失業者増加に対する懸念が高まった。二〇二〇年三月一日から一九日までのあいだ、韓国では、失業保険の申請者件数が前年同期に比べて三二・六%も増加したのだ。もともと雇用機会が乏しい若年層の失業は、当然、深刻度を深めていると見られる。韓国航空協会が「企業の自助努力では事業の継続が困難だ」との声明を出すなど、韓国の失業問題は、さらに深刻化する可能性がある。

それにもかかわらず文大統領は、高齢者の短期雇用を増やして人為的に失業率を低下させるなど、経済政策の誤りを糊塗《こと》しているように見える。だからこそ、文大統領が本当に韓国経済の持続的な成長を重視しているとは考えられないのだ。

文大統領は、左派の政権基盤の安定と、それを通じた自己保身を重視しているように見えて仕方がない。そうした考えに執着し続ける人物が、経済だけでなく、外交や安全保障などの政策の決定権者であることは、韓国にとって大きな懸念材料だといえる。

＊経済改革の前に検察改革を目指した大統領の愚

経済政策で失敗の烙印《らくいん》を押されたともいえる文在寅大統領は、検察改革に取り組んだ。韓国では、検察の力が極めて強いといわれる。検察は、捜査と起訴の両方に大きな影響力を持つ。

また検察は、過去の左派政権トップに対し、強く圧力をかけてきた。盧武鉉元大統領が検察の捜査から逃れるために自ら命を絶ったことは、検察の力が強く、また過去の保守派政権との距離が近いことをうかがわせる。ゆえに文大統領は、任期中に検察改革を進めてその権力を弱め、自らに捜査の手が及ばないような状況を作り出しておきたかったはずだ。

検察改革は、左派政権の長期化を目指した取り組みともいえる。この悲願を叶《かな》えるために文大統領は、元ソウル大学教授であり、自らの最側近として民情首席秘書官を務めた曺国氏を強硬に法務部長官（法相）に任命してしまう。その結果、国家分断が深刻化してしまった。

文大統領自身も、盧武鉉政権の民情首席秘書官の任務に就いた経験を持つ。この関係になぞらえ、曺国氏は、文大統領の最側近であると同時に、次期大統領選挙での有力な後継者と目されてきた。また曺国氏は、日韓問題を扱った韓国の専門家の著書を「吐き気がする」と非難するなど、強硬な対日姿勢を鮮明にしてきた。

民情首席秘書官は、政府高官の監視や司法を統括するポストである。政府高官への捜査に関する権限も持つ。そのため韓国では、大統領に次いで二番目に強い影響力を持つポストだといわれる。

歴代の民情首席秘書官には、検察出身者が任命されてきた。文大統領がアカデミズム出身の曺国氏を民情首席秘書官に充てたことは異例だった。

文大統領は側近中の側近を法相に任命し、検察改革を進めさせることによって、任期終了後の身の安全を図ろうとしたように見える。歴代の左派大統領経験者が後の保守派政権から不正などを追及されたことを考えれば、左派政権の長期化を目指すとともに、自分の身を守らなければならないという心理が働くのは自然だ。

問題は、左派政権の基盤強化を目指して検察改革をゆだねた人物が、疑惑にまみれていたことだ。先にも触れたが、法相任命以前から、曺国氏は「タマネギ男」と揶揄されるほど様々な疑惑が指摘されていた。娘の大学および大学院の入学、さらには奨学金に関する不正、私募ファンドへの不透明な投資など、剥いても剥いても中身が出てくるタマネギのように、不正疑惑が次から次に浮上した。

疑惑まみれの曺国氏を法相に任命することに反対する人が増えたのも当然だ。世論調査では、五割強が曺国氏の法相就任に反対した。文大統領の検察改革は、社会を二分してしまったのだ。

にもかかわらず、二〇一九年九月九日、文大統領は曺国氏を強硬に法相に任命してしまった。その状況を、常識と良識を欠いた左派政治の暴走と指摘する政治の専門家もいた。

冷静に考えれば、一握りの財閥系企業に就職することなどを目指して受験戦争が苛烈を極める韓国において、一部権力者の子どもが不正に学歴を重ねていたことを、世論が許すはずはない。人々の恨みの対象となり得る人物を、検察改革を指揮する法相に任命すれば、世論はさらに沸騰する。世論が分断されれば、保革の覇権争いも激化する。それは、韓国の政治、経済、社会をダイレクトに不安定化させることだった。

文大統領は、「明確に不正が確認されていないなかで、疑惑だけを理由に法相任命を見送ることは悪《あ》しき先例になる」などという意味不明な理由に基づき、曺国氏の法相任命に踏み切った。そこまでして検察改革を進め、左派の大統領経験者への捜査が進むことを止めたかったのだ。

本来であれば、文大統領は当初の主張の通り、国内の経済改革を進め、より効率的に付加価値を生み出し、富が公平に再分配される経済体制を整備することに取り組むべきだった。それができれば、長い目で見た場合、韓国社会の不平不満は和らぎ、保革分断の状況には変化が生じた可能性はある。

同時に、財閥改革を進めれば、それ以外に経済成長の基盤を持ち合わせていない韓国経済には、かなりの痛みが走る。その痛みを避けるために、過去の政権も文政権も、最低賃金の引き上げなど、強制的な富の分配でその場をしのごうとしてきた。しかし結果的に、富の偏在がより顕著となり、改革が一段と難しくなってしまった。この悪循環を断てないがために、世論の「恨」は膨張し、保革分断が深刻化してきたと見られる。

筋金入りの左派政治家である文大統領も、最終的に、疑惑が次々に浮上する曺国氏をかばいきれなくなった。九月九日の強硬任命の直後、一〇月一四日に、曺国氏は辞任した。これは辞任と報じられているが、更迭《こうてつ》されたとの見方が強い。

曺国氏の強硬任命後、文大統領の支持率はかなり落ち込んだ。韓国国内では、一部の世論調査によると、鉄板といわれていた支持率は四割を割り込み三割台に落ちたが、報道できなかったとの見方が浮上した。つまり、曺国氏の法相強硬任命によって、文大統領は、政治家生命の危機だけでなく身の危険を覚えた可能性がある。

また、曺国氏が辞任を表明したあと、すぐには後任の法相が任命されなかった。やっと二〇二〇年一月二日になって、「共に民主党」の前代表である秋美愛《チュミエ》氏が法相に任命されたのだ。

民主主義国家において、法相不在の期間が長く続くことは考えられない。曺国氏の疑惑浮上は左派政権全体にとっても想定外のものだったのだろう。また後任を選ぼうにも、後々の政治報復の対象となることを恐れ、法相就任をためらう人がいた可能性は否定できない。

このように考えると、文大統領の検察改革は、当初の目的とは逆に保革の対立構造を強め、韓国の将来に、大きな禍根《かこん》を残したように思えてならない。

第六章　韓国からヒト・モノ・カネが脱出する日

✳二〇一九年の韓国への海外直接投資は一三％減

本章では、韓国がどうなるか、今後の展開を予想する。まず、韓国からは「ヒト」「モノ」「カネ」の経営資源が海外に脱出し、政治、社会、経済全体で閉塞感が高まるだろう。まず、韓国からは「ヒト＝人材」が海外に流出し始めている。

少子化、高齢化、人口減少が進む韓国から人材が流出すれば、潜在成長率は一段と低下する恐れがある。海外から人材を呼び込むことも容易ではない。

韓国からの留学生などと話をしていると、わが国で就職し、生活したいと考えている人が多い。これは、日本人が一般的に想定する韓国人の心理とはかなり異なるだろう。要は、韓国では、選択肢があまりに限られてしまっているのだ。

それに比べると、日本では自由な選択のチャンスに恵まれ、公正かつ公平にチャレンジする環境が整っていると考える若者が多いようだ。このように、わが国が海外の若者にある種の希望を与えることができる点は重要だ。

そうした若者の心理の根底には、社会的な権力や経済的資源が既得権益層に集中してしまい、自己実現を目指そうにも打開策が見当たらないという切迫感がある。「このままではやばい」と思う若者が増えているのだ。

自分のやりたいことを探し、それに取り組むことが何よりの幸福であると考える人は少なくない。韓国の内情に危機感を強く持つ人ほど、経済環境が落ち着いているうちに海外に脱出し、人生の基盤を築きたいと思うのは自然だろう。新型コロナウイルス感染症の発生によって韓国経済が大混乱に陥った状況を見ていると、海外に脱出し、より安心できる生活環境を手に入れたいと思う人が増えてもおかしくない。

次に韓国からは、「カネ＝投資資金・資本」も脱出している。

二〇一六年一一月の米国大統領選挙でトランプ大統領が誕生して以降、従来にも増して外国人投資家は韓国への投資に慎重になった。すでに欧米の大手金融機関のなかには、韓国から撤退した企業もある。加えて韓国企業も、より高い成長と自由な事業環境を求め、海外進出を進めている。

その背景となる要因として、グローバル化の変質がある。

トランプ大統領は米国経済の運営体制を、グローバル化重視ではなく、米国第一主義に転換しようとした。トランプ政権は日本、韓国、ＥＵなどに通商交渉の再交渉を求め、中国に圧力をかけたりするなどして、自国の農畜産物や工業製品の輸出を増やそうとした。

特に、米中の通商摩擦は世界のサプライチェーンを寸断した。グローバル化の進展とともに輸出による成長を実現してきた韓国にとって、これは大きな逆風だ。

経済環境が不安定化するなか、従来の経済運営とは異なる政策を重視する左派政権が誕生し、外国人投資家は韓国への投資に対し、より慎重にならざるを得なかったはずだ。文在寅大統領は、南北統一政策と反日を貫き、国際社会からの孤立をも深めてしまった。

さらに、韓国では景気減速とともに労働組合が賃上げを要求し、激しいストライキを行う。それは、企業の自由な事業運営を阻害する。文句ばかりを口にする人と働きたくはないというのは当然の心理だ。より安定した、かつ効率的な事業環境を求め、韓国から脱出する企業が増加した。

すでにGM（ゼネラルモーターズ）やルノーなどの自動車メーカーは、労働争議の激化を避けて、韓国のオペレーションの縮小や撤退を検討するとの姿勢を示している。また二〇一九年、韓国産業通商資源部が発表したデータによると、海外から韓国に向けて行われた直接投資は、前年比で約一三％も減った。

さらに二〇二〇年に入ると、新型コロナウイルスの感染拡大が、韓国からの資金流出に拍車をかけた。

まず三月中旬、感染がいつ収束するか分からないという不安心理が高まり、韓国ウォンと株価が、ともに大きく下落した。その背景には、新型コロナウイルスの感染拡大によって世界の需要と供給が寸断されたことがある。

輸出依存度が高いということは、韓国がグローバル化に深く組み込まれてきたことに他ならない。世界各国で人の移動が制限され、グローバルなサプライチェーンを基にしたモノの生産や消費が混乱すれば、経済には大きな下押し圧力がかかる。

見方を変えれば、韓国は、グローバル経済の変化に対する抵抗力を持っていない。

これまでの韓国は、世界的な経済の混乱に巻き込まれて自国の資金繰りが行き詰まると、国際社会に助けを求めてきた。その後、世界経済が上向くと、韓国は輸出を増やして景気回復を実現した。問題は、経済状況が安定しているあいだに必要な改善策を実施できなかったことだ。新型コロナウイルスの感染拡大を受け、再度、韓国の脆弱性が高まりつつある。

加えて、韓国が人口減少の深刻化や労働争議などの根本的な問題を解決することは難しい。特に後者は、韓国の文化の一部となっているようにさえ見える。世界の投資家や企業は、韓国への投資を躊躇《ちゅうちょ》せざるを得ない。

長期的に考えると、韓国が政治・経済・安全保障の運営理念を改めようとしない場合、韓国からは経済運営に欠かせないドルなどの資金が流出する可能性もある。ヒトとカネが海外に流出するに伴い、生産設備などのモノも海外に出てしまうだろう。

韓国の経済成長には、製造業の発展が欠かせない。原材料を加工して付加価値を生み出すことが製造業の役割だ。

言い換えれば、人材や資本が海外に流出するにつれ、韓国の産業基盤そのものが海外に流出し、経済はかなりのスピードで縮小する恐れがある。すると韓国国内の雇用・所得環境の不安定感は高まり、経済格差などの問題が、これまで以上に深刻化するだろう。

＊南北統一にこだわりすぎた韓国

ヒト・モノ・カネの流出が続くと、韓国の国力は低下する。国力とは、政治、経済、外交、安全保障など、国の安定と発展を支える複合的な要素のことを指す。国力が低下する場合、国際社会や市場参加者だけでなく、国民が国（政治）を信用しなくなる可能性がある。それを止めるためには、政治が役割を果たすことが欠かせない。

重要なことは変化への対応力を付けることだ。文在寅政権は、この考えに対し、背を向けてしまった。その結果、むしろ国力の低下が顕著となり、国家運営は一段と厳しくなると見られる。

たとえば米国は、多様な価値観を持つ移民を受け入れることによって、常にイノベーションを発揮しやすい環境を整備してきた。それがリーマンショック後のIT先端分野の成長を支えた。また、その取り組みが米国のGAFA《ガーファ》（グーグル、アマゾン、フェイスブック、アップル）の台頭につながり、SNSやモバイル決済など新しいテクノロジーが浸透した。その結果、様々な需要が創出され、世界経済全体の成長が支えられた。

中国もIT先端分野での成長を目指し、補助金政策を重視してきた。この補助金政策には、鉄鋼など在来型の産業維持と、IT先端分野の成長促進という二つの側面がある。一言でいえば、中国経済はまだら模様だ。

後者において中国では、BATH《バス》（バイドゥ、アリババ、テンセント、ファーウェイ）というGAFAのライバルともいうべきIT大手企業が登場した。

わが国では、新興国における工業化の進展を受けて、徐々に完成品の生産から高付加価値型の部品やパーツ分野における競争力向上が重視された。ソニーのCMOSイメージセンサーや村田製作所の積層セラミックコンデンサなど、世界シェアが高い部品は多い。また自動車分野では、トヨタ自動車がドイツのBMWやメルセデス・ベンツに匹敵《ひってき》する高級ブランドの育成を目指して取り組んだレクサスが、中国などでヒットした。

一方、韓国を見ていると、こうした新しい取り組みを進めているとはいえない。反対に二〇一八年以降、韓国経済の下方リスクは徐々に拡大してきたと考えられる。

まず、中国経済が成長の限界を迎えた。これによって、韓国の半導体だけでなく、自動車の輸出にもブレーキがかかる。中国汽車工業協会によると、二〇一八年の中国の新車販売台数は前年から二・八％減少し、二〇一九年は八・二％減少した。さらに二〇二〇年に入ると、一月には春節などの影響から新車販売台数が前年同月比で一八・七％も減少、二月には新型コロナウイルスの影響から七九・一％も減少した。

この状況は、韓国経済に対し、中国経済の成長の限界と新型コロナウイルスの感染拡大がダブルパンチのように襲いかかったということだ。

さらに二〇一八年四～六月期以降、世界経済を支えてきた米国経済の成長がピークを迎え、徐々に景気は減速した。日韓関係の悪化と冷え込みも、韓国経済の下方リスクを高める要因だ。

二〇一九年末までは世界的に低金利の環境が続き、多くの市場参加者が先行きを楽観してきた。そのため、世界経済全体に対する楽観論が醸成され、ファンダメンタルズの不安定化の懸念が出つつあった韓国経済でも、それなりの落ち着きを維持できた。言い換えれば、低金利の環境が韓国の資金調達を支え、現状維持の経済・社会運営が続けられたのだ。

しかし二〇二〇年に入り、状況は一転してしまった。一月には、中国の自動車やＩＴの戦略重要拠点である湖北省武漢市で新型コロナウイルス感染症が発生した。韓国は自動車部品などを調達できなくなり、生産活動の水準が大きく低下した。

さらに韓国国内でも、大邱市を中心に感染が拡大した。韓国内外で人の移動の動線が寸断された。さらに三月に入ると、米国でも感染が拡大し、トランプ大統領が景気後退の可能性を指摘した。

この状況を包括的にまとめると、二〇一八年以降、韓国の政治や経済を支えてきた外部要因が不安定になっている。二〇二〇年春の時点で考えると、米国と中国の経済は、かなり息切れし始めている。

すでに米中は、必要最低限の部分を除き、韓国にかまうゆとりがない。そうしたなか韓国では、与党内部で急速に危機感が高まった。国際社会との通貨スワップ協定締結を急ぎ、経済危機への備えをせよ、と。

このように考えると、やはり韓国は、自国を取り巻く状況が安定しているあいだに国力を高めることができなかったことになる。リーマンショック直後は中国の四兆元の景気刺激策に支えられ、二〇〇九年七月以降は米国の緩やかな景気回復をよりどころにしてきただけである。韓国は既存の経済体制を変えずに、海外の需要を取り込むことができたのだ。

その間、米国ではGAFA、中国ではBATHが成長し、両国の競争が激化した。中国はIT先端分野での覇権を目指し、半導体の国産化に取り組んだ。中国政府が企業の生産設備の運営に必要な土地や技術などの面で補助金を支給していることを考えると、韓国のサムスン電子などが中国のIT先端企業と互角に戦うことは容易ではないだろう。

一九九〇年代以降、韓国は過去の保守派政権の援助と日本からの技術支援、さらには大量生産に支えられた低価格戦略などによって、日本から半導体シェアを奪った。しかし今後、中国は、共産党政権の支援を軸に韓国からシェアを奪う可能性がある。その他、鉄鋼や造船など韓国の主力産業も、中国との低価格競争に対抗していかなければならない。

しかし、文政権は南北統一の夢にこだわりすぎた……北朝鮮から無視されているにもかかわらず。見方を変えれば、韓国は、米国を中心に世界経済が落ち着いている時期の重要なチャンスを、見逃してしまったといえる。

今後、世界経済の先行き懸念が高まるとともに、韓国の国力は一段と低下し、政治、経済、社会の運営が、これまでに経験したことがないほど厳しさを増すだろう。

✻北朝鮮は本当に核を放棄するのか

文在寅大統領が南北統一を重視し続けていることは、朝鮮半島だけでなく、国際社会の安定に無視できない影響を与えている。最大のポイントは、南北統一を呼びかけることが北朝鮮の核放棄につながるか否かだ。

結論を先に述べると、韓国がどのような呼びかけや取り組みを行ったとしても、北朝鮮が核を放棄する可能性は低い。この見方は、米国やロシアの外交・安全保障の専門家らも示している。

北朝鮮は、これまでにも何回か核を放棄する意思を示してきた。そうして得た見返りは、北朝鮮の経済的困窮を助けると同時に、水面下で核兵器やミサイル発射技術を開発する原資となった。韓国が北朝鮮との融和を目指すことは、金正恩朝鮮労働党委員長が祖父から三代続いてきた独裁体制を維持するための追い風となる恐れがある。

本来であれば、韓国は北朝鮮の核脅威と対峙する国として、そのリスクを明確に国際社会に向け発信すべきだ。しかし実際には、そうなっていない。

見方を変えれば、韓国が北朝鮮の目的を本当に理解しているとは考えられない、ということだ。ことほど左様に、韓国の北朝鮮政策は、右往左往しているように見える。外交にせよ経済協力にせよ、一貫した姿勢が感じられない。保守派の朴槿恵政権でさえ、中国に近寄ることが北朝鮮にとってプラスとなると十分に認識できていなかった。

そう考えると、自ら北朝鮮に支援を呼びかけるなど、これまでには見られなかったほど前のめりの姿勢で融和を呼びかける文大統領には、かなりの危うさを覚える。

北朝鮮にとって米国を射程に収めた核兵器の開発は、「金王朝」と呼ばれる独裁体制を維持するための「お守り」だろう。つまり、核という国際社会に対する脅威を保持することによって、金一族の独裁政権を守りたいのだ。

金日成主席の時代から北朝鮮は、そのときどきの状況に応じ、「核兵器を開発する意思はない」などと国際社会に表明してきた。そしてその都度《つど》、国際世論は北朝鮮の発言を信じ、結果的に裏切られてきた。
干魃《かんばつ》などによって北朝鮮国内の経済が困窮すると、金政権は核開発などの軍事挑発を行い、米国との対話を模索し、事態の打開につなげようとしてきた。いわゆる瀬戸際外交である。そうして瀬戸際外交が功を奏して米朝の対話が進むと、北朝鮮は表向きには核開発を停止すると表明し、軍事挑発も控えられたかに見えた。しかし、それでも北朝鮮は、秘密裏に核兵器の開発を続けてきたのだ。

この事実は非常に重大だ。歴史は、北朝鮮が、体制保持のためなら経済的な損失もいとわないことを示している。北朝鮮の国民がいかに疲弊《ひへい》したとしても、金一族は核の脅威を裏付けとした体制保持にこだわってきた。それが北朝鮮の核開発の歴史ともいえる。

韓国が太陽政策をはじめとして北朝鮮との融和を進めることは、金王朝にとっては非常に都合《つごう》が良いだろう。特に、二〇一八年の文大統領の対北朝鮮政策は、金正恩委員長にとって「渡りに船」だったはずだ。文大統領は米朝の首脳会談を実現し、南北統一の可能性が高まっていることを世論に示すため、北朝鮮の金正恩委員長が仕掛けた「微笑《ほほえ》み外交」の術中にはまってしまった。

二〇一八年二月、北朝鮮は、金正恩委員長の妹である金与正《キムヨジョン》氏を韓国に派遣し、南北首脳会談への足掛かりを作った。その後、四月には、南北首脳会談が実現した。北朝鮮は韓国との首脳会談を実現することで、文在寅大統領が重視する南北統一を重視するような姿勢を示し、韓国を通して米国との首脳会談に弾みをつけたかった。すると五月、文在寅大統領は訪米し、トランプ大統領と会談して、米朝首脳会談がスムーズに実現するよう要請した。

また、北朝鮮は中国との関係修復にも動き、シンガポールで開催される米朝首脳会談に向けて万全の支援を取り付けた。それは、二〇一八年六月一二日の米朝首脳会談に向け、金正恩委員長が中国国際航空の運航する航空機でシンガポール入りを果たしたことが示している。

会談が実施される前から米朝首脳会談の大筋は固まっていたようだ。これは、金正恩委員長が会談前夜、満面の笑みでシンガポール市内を散策していたことから確認できる。トランプ大統領にとって重要だったことは、北朝鮮のトップと会談し、米国を射程に入れたミサイルの発射実験などをやめるとの発言を取り付けることだった。それによって、米国国民に対し、北朝鮮の脅威を後退させたとの成果を誇示したかったのだ。

北朝鮮にとっては、瀬戸際外交を進めて米朝の対話の糸口を見いだし、「完全な非核化に向けて取り組むと約束する」と述べることはたやすい。これまでにも北朝鮮は同様の声明を出しつつ、核の開発を続けてきた。

一方のトランプ大統領は、大統領再選を目指して成果の誇示に焦《あせ》るあまり、「体制の保証」という北朝鮮にとって何よりも重要なコミットメントを示してしまった。北朝鮮は実質的な痛みを伴うことなく米国から体制維持の保証を取り付け、経済制裁の緩和などを目指す外交環境を整備できた。

結果、国際社会が北朝鮮の核の脅威を封じ込めることは一段と難しくなっている。同時に、どのような状況になったとしても、北朝鮮は核を手放せないだろう。

二〇〇三年、リビアでは、カダフィ政権が核計画を放棄した。このとき米国は、体制の維持を保証しなかった。その後、リビアでは民主化運動が起き、カダフィは殺害された。このケースは、北朝鮮が核の放棄が体制の崩壊につながるという認識を強めるきっかけになったはずだ。

今後の展開によっては、北朝鮮が瀬戸際外交に走り、朝鮮半島情勢の緊迫感が高まる可能性は否定できない。そうしたリスクを抑えるためには、韓国の役割が非常に重要だ。しかし文政権の北朝鮮政策は、客観的な歴史認識に基づいた視点を持ち合わせていないように見える。

＊一段と不安定化する朝鮮半島情勢

ここまで述べてきたように、北朝鮮が核兵器を放棄するとは考えづらい。世界がそのリスクに対応するためには、韓国の世論の分断状況を解消し、北朝鮮とどのような関係を目指すか、その明確な方針を定めなければならない。

もし、韓国が北朝鮮の脅威を冷静に受け止め、米国を中心とする国際社会と必要な方策を協議し、さらには米国がその議論に中国を巻き込むことができれば理想的だ。それは北朝鮮の暴走を抑え、朝鮮半島情勢のそれなりの安定を維持することにつながるだろう。

しかし現時点で考えると、こうした展開は現実のものにはならないだろう。文在寅政権が、これまで以上に北朝鮮への支援を重視し、南北統一の夢に執着する可能性があるからだ。

二〇二〇年、北朝鮮と韓国の関係は、再び大きく変わろうとしつつある。米朝の首脳会談が実現して以降、北朝鮮は、対話を求めて支援を提案する文大統領を事実上、無視してきた。米国との対話の道筋が開けた以上、北朝鮮が韓国を相手にする必要はない。にもかかわらず、文大統領は北朝鮮との融和を目指した。

状況を変化させたのが、新型コロナウイルス感染症の発生だ。

世界各国がウイルスとの闘いで手いっぱいになるなか、北朝鮮問題への関心は、どうしても低下する。北朝鮮の感染状況は不明だが、経済が困窮しているうえに感染症が広がれば、相当な打撃となることは間違いない。

金正恩委員長としては、米国の視線を平壌《ピョンヤン》に向けさせなければならないのだ。

そのため北朝鮮は短距離のミサイルを発射し、米国の関心を引こうとした。その状況に対し韓国の文大統領が憂慮の意を示すと、金与正氏は「韓国の行動は三歳児並みである」などと強烈に非難した。しかしその後、金正恩委員長は韓国に親書を送り、新型コロナウイルス感染症と闘う国民に慰労の意を伝えた。その本心は、韓国からの経済支援や医療物資の提供を取り付けて、危機的状況を打開することにあるだろう。

親書を受け取った文大統領の心中を察すると、ずっと呼びかけても振り向いてもらえなかった「憧れの人」の気を引くことができたというような満足感を得たはずだ。これまで北朝鮮に冷遇されてきただけに、従来以上の姿勢で北朝鮮への支援を申し出る可能性がある。

歴史に基づけば、韓国の支援は北朝鮮の外貨や物資の獲得につながり、核兵器開発のサポート材料になる。国際社会が新型コロナウイルスとの闘いに精一杯になっているだけに、韓国独自の判断で北朝鮮支援が進められる状況は、かなり危険である。ただ、若者世代の北朝鮮に対する意識は、他の世代とはかなり異なる。

韓国世論における北朝鮮への意識を世代別に確認すると、二〇代では、北朝鮮を敵国と考えている層が全体の四九％にも達する（図表16）。朝鮮戦争を経験していない若者にとって、核開発を進める北朝鮮への恐怖心理は強い。

また、文大統領の労働市場改革や最低賃金の引き上げによって、若年層の所得・雇用環境は悪化している。新型コロナウイルスの感染拡大から世界経済全体が混乱し始めたことを受け、韓国の若者の雇用環境は一段と悪化するだろう。

一方、年齢が上がるにつれ、北朝鮮を脅威と考える割合は低下する。そして、隣人と考える人が多いことが分かるのだ。

若年層の失業率が高止まりし、多くの若者が人生を諦めかけている。さらに、中国経済の減速や新型コロナウイルスの感染拡大から、韓国経済の実力が低下しつつある。もし、文大統領が北朝鮮政策の強化に取り組むのであれば、韓国の若者を中心に、文大統領が自

図表16　世代別に見た韓国の北朝鮮に対する意識

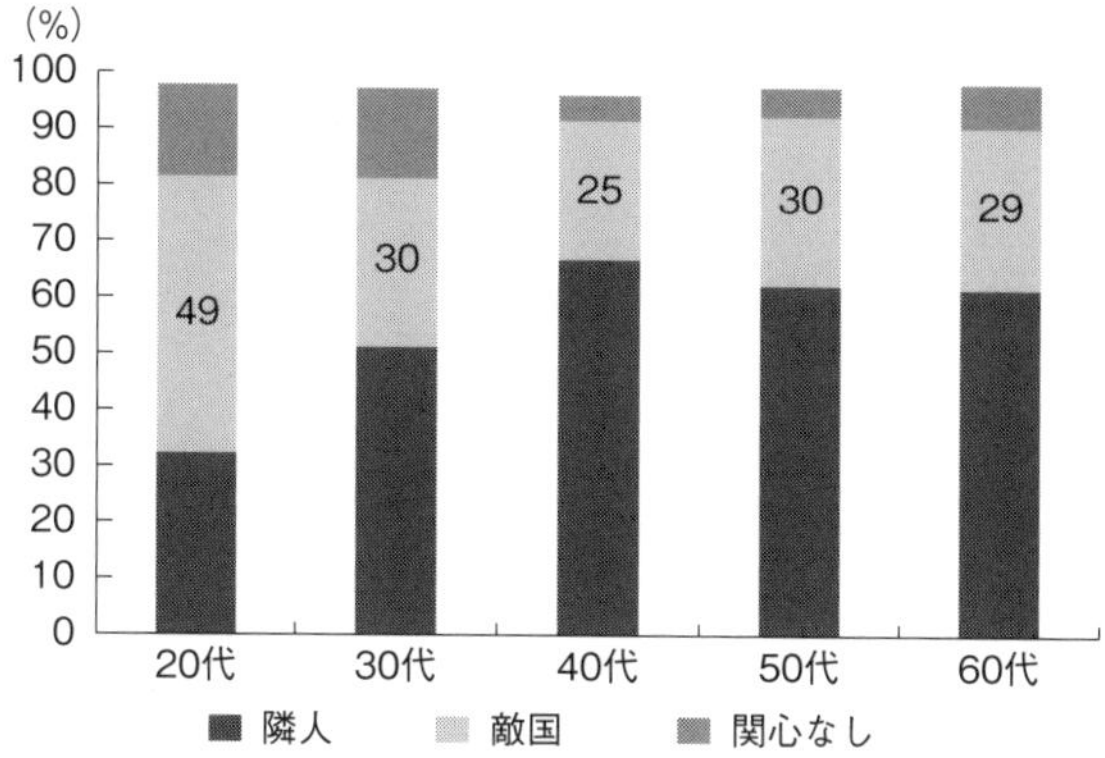

出所：THE ASAN INSTITUTE FOR POLICY STUDIES資料

国よりも北朝鮮を重視しているといった批判が高まるはずだ。振り子が大きく振れ動くように、韓国の若年層の世論は変化するだろう。

　ただ批判が増えたとしても、文大統領が北朝鮮政策を転換するとは考えられない。今後、韓国では、北朝鮮政策への批判姿勢を強める若年世代が増え、シニア世代との対立が、より鮮明化すると想定される。

　一方、北朝鮮にとっては、韓国世論が不安定に推移する状況は都合が良い。韓国世論が北朝鮮への支援を重視するのであれば、金王朝は国内経済の状況に合わせて、それを利用しようとするだろう。反対に、韓国が保守派層を中心に北朝鮮への圧力を重視するのであれば、瀬戸際外交に走る可能性がある。

いずれのシナリオにおいても、韓国が北朝鮮の核脅威に対する包囲網を形成することにはならないと考えられる。

＊韓国の構造改革が頓挫したときの悲劇

韓国が北朝鮮のリスクに対応し、朝鮮半島情勢の安定を目指すためには、何よりも国家の安定が欠かせない。そのために重要と考えられる取り組みの一つが、構造改革だ。

構造改革とは、既存の経済運営や経済構造を変革し、環境の変化に合わせて新しいルールを設計するなどし、より効率的なヒト・モノ・カネの再配分を目指す政府の取り組みを指す。それが、経済の実力である潜在成長率の引き上げには欠かせない。

ただ、韓国が本気で構造改革に取り組むのは、口でいうほど容易なことではないだろう。言い換えれば、韓国が社会に鬱積《うっせき》する不満を自力で解消することは難しいと考えられる。わが国はその点を念頭に置き、自力でどう極東地域の安定を実現するかを考えたほうが良い。

構造改革の重要性を考えるには、一九九〇年代、バブル崩壊以降の日本経済の推移を確認すると良いだろう。一九八九年年末、わが国では、株式のバブルが崩壊した。その後、一九九一年半ばには不動産のバブルが崩壊した。

資産バブル（株式と不動産のバブル）崩壊を受け、わが国では資産の価格が急速に下落し、景気が冷え込んだ。その状況を政府や日本銀行は金融の緩和と公共事業を中心とする財政出動によって支えようとした。その発想は、既存の経済体制を維持し、雇用の保護を優先したものだった。

しかし、景気減速とともにバブル期に蓄積された過剰投資が不良債権と化し、わが国の金融システムと実体経済を下押しした。その結果、不良債権問題が深刻化し、一九九七年には金融システム不安が発生した。また、この頃からわが国のデフレ経済（広範な物価が持続的に下落する状況）が鮮明となった。

その後、二〇〇二年に策定された「金融再生プログラム」が実施され、不良債権処理が進み、日本経済全体でのバランスシート調整が進展した。

わが国の教訓は、大規模なバブルが崩壊するなどして、「経済の実力＝潜在成長率」が低下すると、金融・財政政策だけで景気の持続的な回復を目指すことは難しい、ということだ。金融・財政政策を進めつつ、より成長期待の高い分野に経営資源が再配分される環境を整備しなければならない。そのためにこそ、構造改革が重要なのだ。

この構造改革は政府の専権事項であり、政治が国内の多様な利害を調整して国が進むべき方向を定め、そのうえで必要な規制改革や起業支援などを行い、効率的な経済運営を目指す必要がある。

構造改革を進めないまま金融緩和などを行ったとしても、既得権益層に経営資源が集中する状況を改革することにはならない。その結果、経済格差が拡大し固定化することで、世論は不満を抱え込んでしまうだろう。

韓国では、保守派・左派ともに、表向きは構造改革を重視してきた。しかし、実際に改革を進めることは、相当に難しい。今後もその状況は続くだろう。否《いな》、これまでに増して構造改革に向き合うことが困難になる可能性すらある。そう考える背景には、多くの要因がある。

まずは経済構造の観点から。やはり財閥依存が行きすぎている。財閥の改革をしようにも、もはや大きすぎる。

サムスングループをはじめ韓国の財閥系企業に関しては、海外投資家などから「企業統治＝コーポレートガバナンス」の透明性が欠けていると指摘されてきた。株式の循環出資

（系列企業内で株式を持ち合う韓国特有の資本構造）や、世襲経営の解消などが求められてきたのだ。

同時に、海外投資家が北朝鮮のリスクに対峙する韓国に投資する際には、どうしても「経営体力のある企業＝財閥系企業」に資金を振り向けざるを得ない。結果的に市場参加者は、韓国の財閥系企業の経営に疑念を呈しつつも、黙認してきたのである。

一部のアクティビスト投資家が、改革を求め、韓国企業への投資を積み増したことはあった。しかし最終的には、当初の目標を達成できないまま、損切りを余儀なくされたようだ。韓国の経済構造は膠着《こうちゃく》の極《きわ》みを示しているのだ。

また韓国の政治家にとって構造改革を進めるという主張は、あくまでも、世論の反発を買わないための方便と化しているといえよう。

政治的側面から考えると、韓国が改革を進めるだけの体制を整えることは難しい。構造改革にも、かなりの時間がかかる。また、北朝鮮の瀬戸際外交が鮮明となった場合、韓国には構造改革を優先するゆとりがなくなるだろう。さらに、世代間や所得階層間での利害が明白になり、それが深刻化するなか、その調整を目指すことも難しい。

こうして構造改革が手つかずに終わると、韓国では経済格差がさらに拡大し、少子化と高齢化の煽りから、社会保障制度への懸念が高まるだろう。社会心理の悪化と経済の停滞が同時に進むことによって、韓国は長期停滞に向かいつつあるように見える。

そのため日本は、朝鮮半島情勢の不安定感が高まる展開に、自力で対応しなければならない。わが国はさらなる構造改革を進め、競争原理に基づいて、より効率的に経営資源が再配分される状況を目指すべきだ。特に労働市場の改革は、いますぐ真剣に進められなければならない。

米中経済の停滞や世界的な金融政策の限界、あるいは債務残高の膨張などのリスク要因が増大するなか、わが国が構造改革を進めることは難しい。それでも、金融・財政政策が限界を迎えたわが国にとって、構造改革以外に経済の活性化を目指す方策はない。

日本が構造改革を進め、経済のダイナミズムを引き上げることができれば、モノ造りを中心に日本の魅力を世界に示し、これまでに増して各国との協調体制を強化することもできる。わが国が自力で国力を高めるためには、構造改革の成果を世界に示し、各国との関係を強化し、極東地域の安定を自ら実現しようとする気概が必要なのだ。

＊国際社会で漂流する韓国

韓国が北朝鮮との統一を重視し続け、反日姿勢をとり続けるなどした場合、国際社会における同国の孤立感は一段と深まるだろう。特に韓国が国家間のルールを軽視したりする行動をとり続けた場合、世界は韓国を信頼しなくなるだろう。それは韓国にとって大きな損失となる。文在寅大統領は、そのリスクを、冷静に評価できていないようだ。

同時に、わが国にとっても韓国の左派政権の暴走が続く展開は、どうにかして避けなければならない。韓国の感情的な対日批判は丁寧に無視すれば良いが、米韓関係が冷え込むとともに韓国が中国寄りの政策を進める展開は、わが国にとって軽視できないリスクだ。

本書の執筆時点では、新型コロナウイルス感染症の発生を受けて世界各国が国境を封鎖し、自国民の安全を守ることに必死になっていた。どの国も、他国のことに気を配るゆとりはない。

過去に韓国は、自国の事情が悪化したり、政権が交代したりするたびに、わが国に対して歴史問題の反省や謝罪、さらなる取り組みを求めてきた。

たとえば元徴用工への賠償問題に関し、韓国の裁判所は、三菱重工業など日本企業の資産差し押さえを決定した。韓国の一方的な主張によって資産が売却され、日本企業に実害が及ぶことは、何としても避けなければならない。

新型コロナウイルスの感染拡大や韓国経済の減速が進むなか、文大統領への批判が高まったことを考えると、先行きは楽観できない。支持回復のために反日をツールに使うかもしれないからだ。

韓国の政治は、さらに混乱すると見るべきだろう。

重要なことは、日韓請求権協定などに基づいた客観的な対応を進め、国際世論からの賛同を取り付けていくことだ。また、仮に韓国が日本企業の資産売却に踏み切るのであれば、それは日韓請求権協定から逸脱することだ。わが国は国際法に則《のっと》って、韓国に損害賠償を求める準備をしておくべきだ。

その際に求められることは、主要国やアジア新興国に丁寧な説明と根回しを行うこと。国際世論の賛同を得られる環境を整備することが、わが国の国力を守ることにつながる。

本来、日本と韓国は、米国との同盟関係を基礎にしつつ、安全保障体制を確立し、政治、経済、文化面での交流を促進すべきなのだ。それが、北朝鮮の暴走や中国の海洋進出を抑制し、アジアおよび極東地域の安定を維持することに資する。米国のトランプ大統領が自国優先の政治を進めてしまっているだけに、日本と韓国は、共通の価値観を確立するべきだろう。

このように考えると、いま韓国の政治と経済は、大きな転換点を迎えつつある。

これまで米国は、韓国にそれなりに気を遣《つか》ってきたといえよう。韓国が、中国あるいはロシアのほうを向いてしまうと、極東地域の安定が揺らぎ、米国の覇権が後退する恐れがあったからだ。それは、世界の基軸通貨である米ドルの信認を低下させるなど、グローバル経済の安定と運営にとって無視できない不確定要因となる。それゆえ日韓問題に関し、米国は、韓国に対しては慎重に対応してきたように見える。

しかし韓国は、米国にとって、付き合いづらい国になりつつあるようだ。米国政府関係者は、文政権が日韓ＧＳＯＭＩＡ破棄に執着することは、韓国に致命的な影響を与えると警告してきた。にもかかわらず、文政権は、反日姿勢を誇示することにこだわった。

また、米国のハリー・ハリス駐韓大使が、「韓国人が北朝鮮に個人旅行することに関しては米国との協議が必要だ」と指摘したことに対し、青瓦台《チョンワデ》、すなわち大統領官邸は「不適切だ」と批判した。北朝鮮は国連制裁の対象国だ。北朝鮮の外貨獲得につながり得る観光事業に関し、国際社会全体の判断が求められることはいうまでもない。文政権は、そうした国際社会の良識さえ理解できていないように思えてしまう。

この状況をどうにかして止めなければ、韓国に対する国際世論は冷え込むだろう。それは、韓国が国際社会を漂流しているというに等しい。

韓国は日本との連携を強め、ＴＰＰ（環太平洋パートナーシップ協定）やＲＣＥＰ《アールセップ》（東アジア地域包括的経済連携）に関する議論をリードすべきなのだ。後者については、中国が、米国を含まない経済連携体制確立のために重視している。

韓国は長期的な視点から日本との連携を強化し、多国間の経済連携を目指したほうが良い。それが、海外の経営資源に依存した経済の脆弱性を補い、極東地域だけでなく、世界経済のより効率的な経済運営に資するはずだ。

しかし過去を振り返ると、日本がどれだけ韓国に自制を求めたとしても、「恨」の心理が解消され、国家間のルールを遵守《じゅんしゅ》するようになることはなかった。

日本は国際世論を味方に付けて、韓国人が自国の孤立化に対して危機感を抱くような状況を整備するしかない。それ以外、日韓が前向きの関係を目指すことは難しいように思える。

終　章　日本と韓国の経済構造の大違い

＊サムスン電子株の六割は外国人投資家が保有

わが国と異なり韓国は、経済運営に必要な資金を自国内で確保することが難しい。その背景には複数の要因が考えられる。

その一つとして重要なのが、韓国のカントリーリスクだ。韓国にとって北朝鮮と対峙する地政学上のリスクは大きい。政治と経済の中心地であるソウルは、三八度線から四〇キロほどしか離れていない。

北朝鮮は、三八度線付近に多数の野砲を設置していると見られる。ひとたび軍事衝突などが起きればソウルが攻撃され、韓国経済は当然、大きな混乱に陥る。

そのため、国内外の企業が長期的な視点で韓国に資本を投下することが難しい。その結果、国内の産業基盤の裾野は広がらず、海外に資金を依存する体質ができあがってしまったと考えられる。

また韓国は、グローバル化が進行するなかで、汎用型の部品やパーツを生産する拠点としての役割を担ってきた。半導体産業はその典型だ。ＤＲＡＭ分野での韓国の世界シェアは高い。

図表17　外国人投資家による日本株式の保有比率

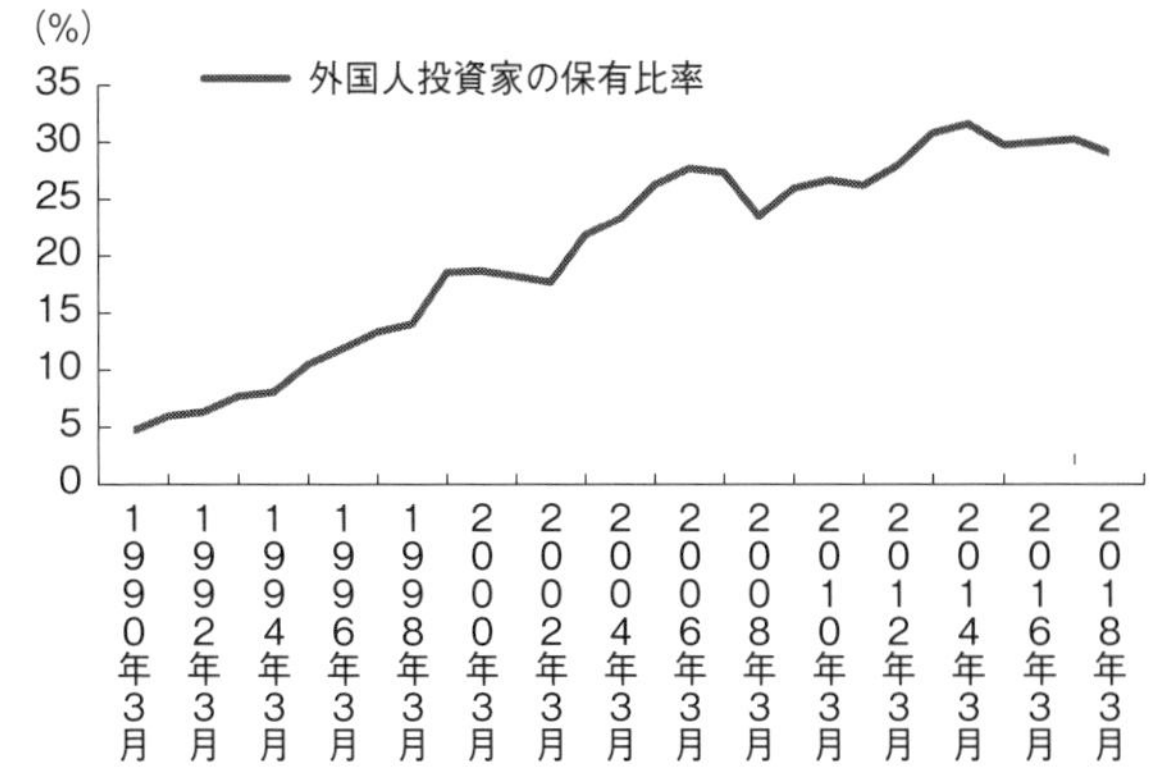

出所：日本取引所グループ（JPX）資料

しかし韓国は、その生産に必要な資源やテクノロジーの多くを自国内で生み出しているとはいえない。多くが、わが国をはじめとする海外の経営資源に依存している。

また日本企業は、ソニーのように自社のビジネスモデルを変革し、環境の変化に対応してきた。しかし韓国企業を見ていると、すでに確立された主要事業以外に、成長を牽引する分野が見当たらない。

その他にも、経済のかなりの部分を財閥系企業に依存しているため、起業などで新規参入することが難しく、海外からの成長資金が流入しづらいという問題がある。

たとえば図表17で、外国人投資家による日本株式の保有比率の推移を見てみよう。

わが国の株式市場における外国人投資家の保有比率は、約三〇%台で推移している。たとえばトヨタ自動車の株式を見ると、その二〇%が、外国人投資家によって保有されている。

一方、韓国金融投資協会によると、二〇二〇年一月中旬の時点で、韓国の株式の三八・九%が外国人投資家によって保有されている。保有比率の差を見る限り、韓国企業の資本調達は、海外に依存している側面が強い。

また、韓国の個別企業における外国人投資家の保有比率を見ると、サムスン電子の普通株の五六%が外国人投資家によって保有されている。SKハイニックスでは、同比率が四八%となっている。海外への資金依存度が極めて高いといえるのだ。

＊コロナ禍で明確になった資金を海外に頼る経済

二〇二〇年一月以降、中国湖北省武漢市を中心に新型コロナウイルスの感染が拡大し、韓国をはじめ日米欧でも猛威を振るった。世界中の投資家が世界的なパンデミックの先行きが読めないことに恐怖を募らせ、価格変動リスクのある資産を手放し、ドルの現金を保有しようと奔走《ほんそう》した。

そうしたなか、カントリーリスクの高い韓国の通貨や株は、真っ先に売られた。そして、一月中旬には二二〇〇近辺だった韓国総合株価指数は、三月中旬には、一四〇〇近くまで急落した。

外国人投資家による売り圧力が高まると、三月、韓国政府は取引所での株取引を一時停止するサーキットブレーカーに加え、プログラム売買の一時停止措置であるサイドカーまで発動し、海外への資金流出を抑えようとした。それでも年初から三月末までのあいだで、韓国総合株価指数は、一九・三％も下落したのだ。

こうした急速な資金流出にも見舞われ、三月中旬には、自国経済の運営に必要なドル資金が枯渇《こかつ》する懸念が高まった。これは、韓国経済がグローバル経済の変調に対して十分な抵抗力を持っていないことを示している。

端的にいえば、第二次世界大戦後、韓国経済は継続的に綱渡り状態にあったのだ。

韓国では、良くも悪くも、その経済運営は海外の動向次第だ。過去の保守派政権が財閥系企業を優遇し、輸出競争力が高まった。結果、それが輸出依存度の上昇につながった。このため、輸出の伸びがＧＤＰ成長率を大きく左右する。半面、内需が拡大しておらず、韓国経済が外的なショックを吸収することは難しい。

新型コロナウイルス感染の拡大で世界経済が混乱するなか、感染対策のために人の外出が制限され、各国が国境を封鎖しなければならなくなった。人の移動が制限された結果、様々な分野で需要が消滅している。

米国でも失業が急増し、状況はかなり厳しい。実際、米国の労働省は、三月一五日から二一日の米国人の失業保険申請件数が三三〇万件近くにのぼり、過去最多だった一九八二年九月二六日から一〇月二日の週の六九万五〇〇〇件を上回ったと発表した。翌週の三月二二日から二八日の失業保険の申請件数は六六〇万件以上にのぼったので、二週間で合わせて約一〇〇〇万人が申請したことになる。

米国経済の専門家のあいだには、失業率が二〇%以上に達するとの見方もある。

このような悲劇的な状況に輪をかけるように、外需依存度が高い韓国経済の場合、状況はさらに深刻だ。感染対策から、現代自動車やサムスン電子の生産拠点も閉鎖に追い込まれた。モノを造ろうにも造れない、外出できず消費も沈滞している。まさにコロナ禍は、韓国経済に激震を与えたのだ。

韓国経済が本格的な景気後退に陥るといった懸念が高まれば、外国人投資家は、一気に韓国ウォンを投げ売る。結果、三月中旬には、二〇〇九年七月以来の水準にまで韓国ウォンは対ドルで売り込まれた。

このとき日本の経済や金融市場もかなり混乱したが、韓国ほどではなかった。一方、資金繰りへの危機感を募らせた韓国は、国際社会に助けを求めた。

三月一九日、韓国銀行（中央銀行）は、米国の中央銀行である連邦準備理事会（FRB）と一時的なドルの流動性確保措置（FRBがスワップラインと呼ぶ）に関する協定を結んだ。

この協定は、韓国の為替市場に介入することを目指したものではない。FRBは協定について「家計および企業などのドル調達をサポートすることを目指したものである」と明記している。四月二日、韓国は協定が定めたドルの供給額（六〇〇億ドル：約六兆六〇〇〇億円）のうち一二〇億ドル（約一兆三二〇〇億円）の資金供給を実施し、ひとまずは過度な混乱を落ち着かせた。

この資金供給は、米国の信用力に支えられたものであった。と同時に、金額には限りがあった。さらなる状況の悪化に備え、韓国は自国通貨を守る方策を確立しなければならない。

この考えに基づき、米韓のスワップライン協定が結ばれた直後から、韓国は日本との通

図表18　日韓の外貨準備残高の比較

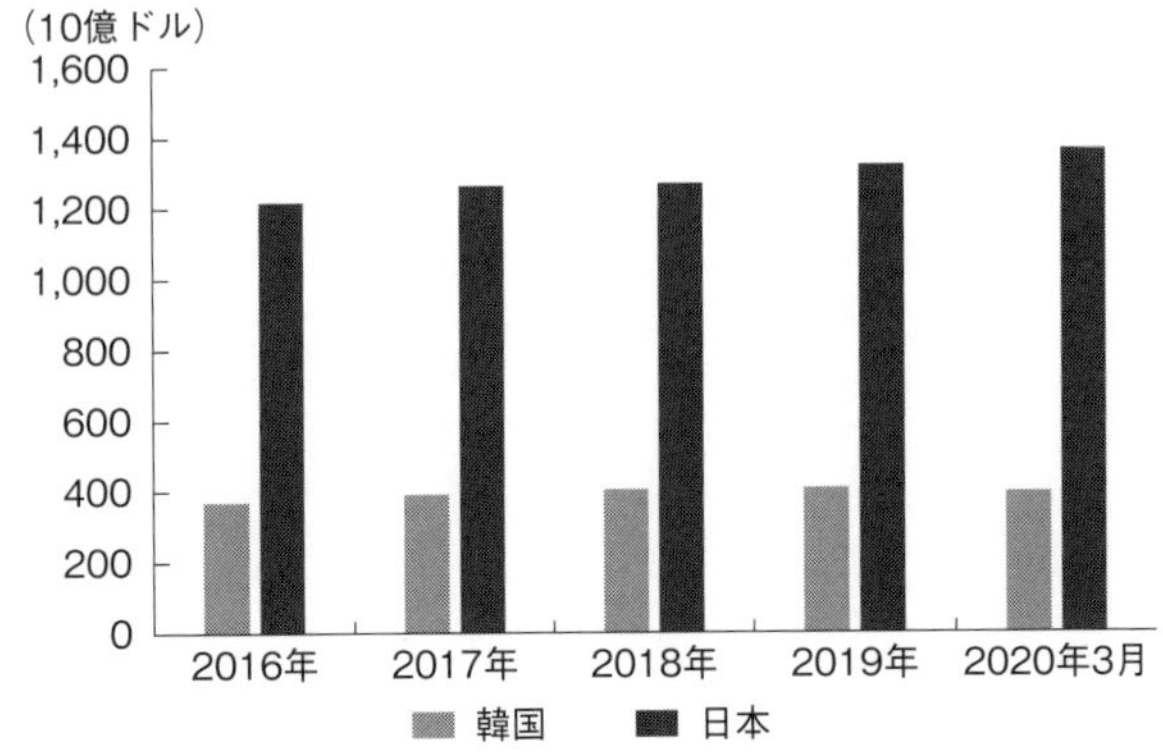

出所：財務省、韓国銀行資料

貨スワップ協定の再開を求め始めた。もともと日韓の通貨スワップは、ドル資金を無期限・無制限に融通することを目指した取り決めであり、韓国の為替介入の「火力」を上げるためには重要だ。

これは、韓国にとって、喉から手が出るほど欲しいものであろう。日本とは対照的に、韓国は、窮したときに国際社会の支援なしに経済を安定させることが難しいからだ。

ところが二〇一五年二月、日韓通貨スワップ協定は、韓国が必要なしとしたことから終了した。韓国はそのときどきの感情に振り回され、自国経済の安定に必要な方策を見極めることすら難しい。今後も韓国は、日韓通貨スワップ協定の再開を求め続けるだろう。わが国は当然、国益を重視して、その要請に対応する必要がある。

ここで日本と韓国の外貨準備残高を、図表18を使って比較してみよう。

日韓の外貨準備残高の差を見ると、圧倒的に日本のほうが大きいことが分かる。

二〇二〇年に入り、韓国の外貨準備残高は、どんどん減少してきた。二月から三月にかけては、約九〇億ドル（約九九〇〇億円）も減少した。これは、急速なドルへの現金化の動きに押され、韓国ウォンの為替レートが大きく下がり、中央銀行が過度なウォン安を防ぐために為替介入を行ったことに起因する。

ここまで述べてきたように、韓国の経済は日本と異なり、その資金や資本を大きく海外に依存しており、極めて脆弱な存在なのである。

❋時価総額全体のうちトヨタは三%、サムスンは三〇%

経済構造に目を向けると、わが国と異なり韓国では、一部の財閥系大手企業の存在感が圧倒的に大きい。株式市場全体に日韓トップ企業が占める時価総額の割合を見ると、日本のトヨタ自動車が三%程度、韓国のサムスン電子は三〇%程度を占めている。

言い換えれば、サムスン電子一社に、韓国経済全体が持つ経営資源の相当な部分が集中してしまっている。

世界的に見ても、一社が株式市場全体の三割もの時価総額を占める状況は見当たらない。米国のS&P五〇〇指数の構成を見ても、いま破竹《はちく》の勢いで業績を伸ばしているIT銘柄で構成されるセクターも、市場全体の二五%程度を占めているに過ぎない。韓国経済の構造は、かくも歪《いびつ》なものなのである。

さらに、サムスン電子に次ぐ時価総額上位銘柄を見ると、SKハイニックス、LG化学、現代自動車などの財閥系企業が目立つ。サムスン電子や現代自動車などの関連会社が時価総額に占めるウエートも大きい。NAVERなどIT関連企業も入っているものの、一〇大財閥を中心とする旧来の大手企業の存在感が非常に大きい。

このように、特定の企業による経済の寡占状態が続いてきたため、韓国の経済は柔軟性を失ってしまっているように見える。

この経済構造が一朝一夕《いっちょういっせき》に変わることは困難だ。それどころか、韓国経済における一部大企業の寡占状態は、さらに深刻化するだろう。

一方、いま日本には財閥企業が存在していない。そのため図表19で日本の主要企業と韓

図表19　日韓の主要企業の資産とGDP規模の比較

韓国	(%)
サムスン	21.7
現代自動車	11.7
SK	11.4
LG	6.8
ロッテ	6.0
ポスコ	4.1
ハンファ	3.4
GS	3.3
農心	3.1
現代重工業	2.9

日本	(%)
トヨタ自動車	9.3
ソニー	3.9
ソフトバンクグループ	6.6
三菱UFJFG	56.1
NTT	4.0
武田薬品工業	2.4
キーエンス	0.3
リクルートHD	0.4
三井住友FG	36.7
KDDI	1.6

出所：韓国公正取引委員会、JPX、IMFデータより作成

国の財閥系企業の資産規模を比較すると、いかに韓国における経営資源が財閥系企業に集中しているかが分かる。

韓国の財閥系企業の資産総額を見ると、サムスン、現代自動車、ＳＫなど、輸出によって経済成長を支えてきた企業が突出している。また、韓国のランキングを見ると、金融機関がランクインしていない。

つまり、輸出するモノを生み出す力が財閥系企業に集中している一方で、経済の血液になぞらえられる金融に関しては、経済に占める存在感が小さいのだ。だからこそ、世界に名を馳《は》せる財閥系企業でも、資金調達は海外に依存せざるを得ないのである。

一方、わが国の主要企業（東証一部上場企業の時価総額上位一〇社）を見ると、国内最大企業であるトヨタ自動車の資産総額はＧＤＰの九％の規模であり、韓国ほどにはトップ企業に資源が集中してはいない。

加えて、旧財閥に属していた金融持ち株会社である三菱ＵＦＧフィナンシャル・グループ、三井住友フィナンシャルグループの資産規模は非常に大きい。

一九九〇年代初頭のバブル崩壊後、大手銀行の再編が進み、メガバンクに日本の資本主義を支える金融仲介機能が集約された。それが、日本国内での金融仲介を通じ、事業会社のビジネスを支えている。

しかし韓国の経営資源のかなりの部分は、輸出産業に集中している。韓国に比べ、日本の経済構造は、圧倒的に安定感があるのだ。

＊ＯＥＣＤ加盟国で最も高い二〇代後半の失業率

ここまで述べてきたように、韓国では一握りの財閥系企業による経済の寡占が続いた。結果、韓国ではすでに、経済的な基盤や力を持つ者と、そうではない者との格差が、固定化してしまった。それが、若年層の失業率の高止まりに表れている。

ＯＥＣＤが発表した二〇一八年度のデータによると、加盟国中、韓国の二〇代後半の失業率は最も高い。若年層の失業率の増加は、韓国社会に深刻な影響をもたらしている。こうして若年層が安心して生活を送ることができないと、出生率も低下し、さらに内需が圧迫される。こんな悪循環に韓国は陥っているのだ。

わが国と異なり、韓国では、ひとたび競争のレールからはじき出されてしまうと、再起を図ることが難しい。言い換えれば、一度も失敗が許されないのが韓国社会だ。

たとえば韓国では、有名大学に入学することができなければ、将来の生活の安定を得ることは、ほぼ不可能だ。さらに就職の際には、サムスン電子など財閥系企業に入社できるか否かで、人生が決まってしまう。同時に韓国では、福利厚生面で十分な体制を整備することができない中小企業は、とことん学生から敬遠される。

その結果、安心できる生活環境を求めて、日本での就職を目指す韓国の留学生が増えている。その理由としては、地理的に近いことや選択肢に恵まれているということが挙げられるが、やはり雇用が安定しているという点が大きいようだ。

本来、私たちが幸福感を覚えるためには、やりたいことを実現できる可能性が重要だ。韓国では、その可能性が乏しい。若者たちが自国を指して「ヘル（地獄）朝鮮」と呼ぶの

図表20　日韓の失業率

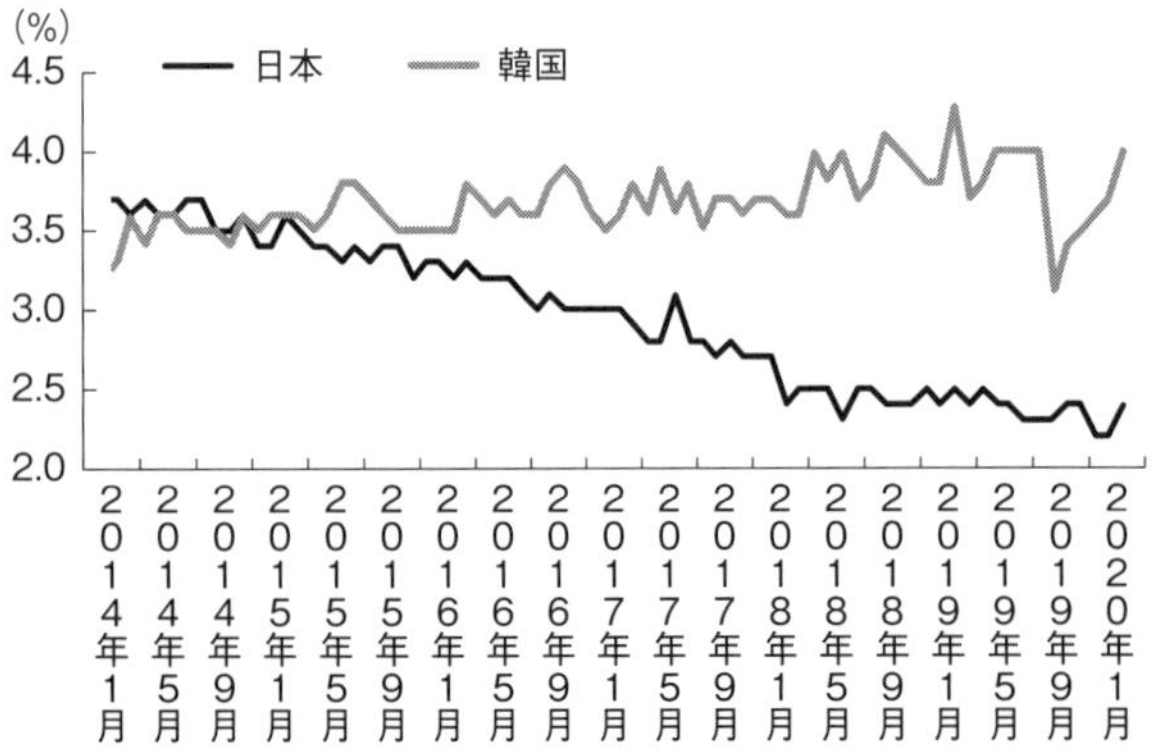

出所：総務省、韓国統計庁資料

も、そうした諦めがあるからだ。韓国社会では多くの若者は疲弊し、先行きに失望している。

そう考えると、働き方改革を進め、「同一労働・同一賃金（正規と非正規の経済格差を解消しようという考え）」に取り組んできた日本のほうが、人々にゆとりや希望を与えることができる。長期的な視点で経済の安定を考えたとき、この点は非常に重要だ。

二〇一四年以降の日韓の失業率を比較すると、韓国とは対照的に、わが国の失業率が低下していることは明白だ（図表20）。

文在寅政権が発足して以降、高齢者の短期雇用などによって一時的に失業率が低下する場面が見られはしたものの、日本ように失業率は低下していない。

日本の場合、中国経済の減速が鮮明となった二〇一八年以降も、失業率が低下した。世界的に人手不足が問題となるなかでも、わが国の労働市場は相当にタイトな状況にある。一方、人手不足は韓国にも当てはまるが、失業率の推移を見る限り、企業は追加的な労働コストを負担してまで事業を行うことが難しくなっていると見られる。

＊コロナ禍でも骨肉の争いを繰り広げる財閥家

韓国の財閥系企業は、創業家の利害を重視している。しかし、企業の存在意義は長期存続だ。そのために必要な意思決定を下せる人材が、常に創業家のなかにいるとは限らない。

韓国の財閥系企業は世襲経営を繰り返してきた。この考えは、世界経済が失速し、韓国経済が窮地に追い込まれた状況でも変わらない。アジア通貨危機、リーマンショック、コロナ禍のなかでも、財閥系企業は世襲経営を重視し、それどころか一部の企業では、親族間で経営主導権を巡る骨肉の争いが繰り返されている。

その結果、世代交代や事業継承がうまく進まず、経営に行き詰まるケースが増えている。その一例が、アシアナ航空の母体だった錦湖《クムホ》アシアナグループだ。同グループでは、伝統的に兄弟が順番に経営を指揮する体制が踏襲《とうしゅう》されてきた。

すると二〇〇〇年代に入り、グループ内では、拡大路線を重視する創業者の三男である朴三求《パクサムグ》会長と、拡大に慎重な四男の朴賛求《パクチャング》氏の兄弟対立が鮮明化した。三男はリーマンショック前から買収を繰り返し、事業規模の拡大に奔走《ほんそう》した。

その後、リーマンショックの発生とともに過去の過剰投資のツケが表面化し、グループ全体で資金繰りが悪化した。そのため同グループは、二〇一九年、中核事業のアシアナ航空の売却を余儀なくされ、事実上、グループの解体につながった。

わが国では、企業の長期存続を目指すため、専門的な知識を持ち経験を積んだプロ経営者が重視されつつある。しかし、世襲経営にこだわって身内で争い続ける韓国の財閥系企業の経営実態は、それとは程遠い。

また、大韓航空を傘下に抱える韓進グループでも、創業家内で経営主導権を巡る身内争いが続いている。二〇一九年四月、趙亮鎬《チョヤンホ》前会長の死去を境に、姉弟間の経営主権争いが勃発《ぼっぱつ》した。コロナ禍のなかで世界のエアラインが開店休業状態にあっても、両氏はお構いなしに骨肉の争いを繰り広げている。

サムスン電子のように、世襲経営が続いても、同時に組織全体で収益を確保する経営風土を醸成したケースもある。が、経済全体で見ると、財閥系企業の世襲経営は円滑な事業継続を妨げる要因と化しつつある。

わが国では株式の持ち合いの解消などが進められ、企業経営の公正さが重視されてきた。子会社を売却し、成長分野のために経営資源を確保しようとする企業も増えている。

一方の韓国では、創業家の子どもに経済的な富と力を与えるためだけに子会社を増設するケースがある。わが国との比較だけでなく、世界的に見ても、韓国財閥系企業の世襲経営はかなり特異だ。

突き詰めていえば、財閥系企業の創業家の子どもたちは、自分自身のことしか考えていないように見えてしまう。韓進グループのケースでは、新型コロナウイルスの感染拡大によって大韓航空が経営危機ともいうべき状況を迎えているにもかかわらず、姉は株を買い増すことで弟を財閥トップの座から追いやろうと躍起《やっき》だ。

コロナ禍によって世界経済が非常事態を迎えるなか、身内の争いに心血を注ぐ財閥系企業の創業家が、世界の市場参加者から見放されてしまうことは間違いないだろう。

一方の日本では、「企業は社会の公器である」との考えが企業全体に浸透しているように見える。

ただ日本でも、創業家内での意見対立は多い。先述の大塚家具のように、親子の対立が契機となって経営が急速に悪化したケースもある。しかし状況が本当に悪化すると、わが国では、外部に資金支援や提携を求め、事態の正常化を目指してきた。

また日本では、創業家と外部から登用した経営者の意見対立が表面化するケースもある。しかし、組織内での対立が激化しても、徐々に企業戦略は良識に則ったものに回帰しているようだ。

その背景には、株主が企業に社会的責任の履行《りこう》を求め、より多面的に企業経営を評価し、長期的な事業継続が目指される環境が整備されたことが影響している。そうした環境下、日本企業は、コーポレートガバナンスの体制整備に注力し、より透明かつ社会から賛同を得られる意思決定を目指している。

しかし、韓国の企業経営を取り巻く環境は違う。様々な利害関係者の意向を反映して経営方針が決定されるのではなく、代わりに創業家の利害が色濃く影響する。韓国の財閥系企業は、社会の公器というより、創業家の所有物としての性格がいまだに強いのだ。

その認識が是正《ぜせい》されないままコロナ禍が深刻化し、世界経済の悪化が顕在化した場合、韓国の経済は、かなり厳しい状況を迎える。日本と韓国のコーポレートガバナンスの違いは、国民経済全体の帰趨《きすう》を決定するのである。

＊サムスン電子に初めて労働組合ができた背景

このような韓国では、労働争議も深刻だ。背景には、過去の軍事独裁政権下で労働組合の活動が圧迫された経緯がある。

また財閥系企業を中心に、企業経営者が、社会の公器を目指す経営を重視しなかったことの影響もある。経済に大きな影響を与える財閥系企業の経営者は、自己の利害だけを過度に重視してきた。当然、労働者の不満は蓄積していった。

一方、韓国と対照的に、わが国では、賃金の引き上げを求めるストライキで事業に大きな支障が出るなどということは少なくなった。それよりも日本では、労使の「協調」が重視されてきたのだ。

一九九〇年初頭、わが国で資産バブルが崩壊して以降、日本企業は、雇用の保護を重視してきた。対する労働組合は、賃金引き上げの凍結や削減を受け入れた。労使が協力して、バブル崩壊後の景気低迷を乗り切ってきたのだ。

ところが韓国では、好不況にかかわらず、労働組合は賃上げなどの待遇改善を求め、要望が聞き入れられなければ、ストライキを決行してきた。このような相互不信のもと、韓国が自力で新しい需要を生み出せるほどの製品やテクノロジーを創出することは難しいだろう。

さらに、従順な従業員を確保しづらい状況下、企業は海外進出を加速し、より柔軟な経営環境を目指そうとするだろう。それは、品質向上や競争力発揮のために国内に生産拠点を戻す企業が頻出している日本とは、とことん対照的である。

ここでサムスン電子のケースを見てみよう。

創業以来、サムスン電子では、全国組織に属する労働組合は結成されてこなかった。ある意味、同社では、成果を上げることさえできれば相応の豊かさを手に入れることができたので、そうした価値観が組織全体で共有されてきたともいえる。

しかし二〇一九年一一月、同社に本格的な労働組合が結成された。

半導体分野における中国勢の台頭などを受け、サムスン電子の競争力は揺らぎ始めている。そうした変化に対応するためには、新規事業を立ち上げ、ＩＴ先端分野での競争力向上を実現しなければならない。

ただサムスン電子では、スマートフォンや半導体に代わる中核事業を育成できていない。労働者のあいだでは、競争力低下への懸念がかなり強くなっていたのだろう。その不安が労働組合結成につながったと考えられる。

サムスン電子は韓国経済安定の要《かなめ》であり、富や名声の象徴的な存在だ。その会社で労働争議が発生すれば、韓国の経済界には激震が走るだろう。これまで以上にストライキが増え、企業の事業継続が難しくなる恐れさえある。

少子化、高齢化、人口減少から内需が尻すぼみになるなか、「過激な労働争議を回避するために海外進出する」という企業の動きも加速するだろう。

一方の日本では、コロナ禍で経済活動が大きく停滞するなか、春闘で、労使ともに「賃上げ見送りは当然だ」という見解が多数を占めた。

対照的に韓国では、労働組合も財閥創業家も既得権益にしがみつき、兎《と》にも角《かく》にも自分たちの利益を得ようと必死だ。その価値観とともに韓国が、コロナ禍に伴う世界的な需要の低減や、自国主義の台頭といったグローバル経済の変容に耐えられるか、はなはだ不安である。少なくとも、日本経済に追いつくことなど、永遠に不可能であろう。

著者
真壁昭夫（まかべ・あきお）
1953年、神奈川県に生まれる。法政大学大学院政策創造研究科教授。1976年、一橋大学商学部卒業後、第一勧業銀行（現・みずほ銀行）に入行。ロンドン大学経営学部大学院、メリルリンチ社への出向を経て、みずほ総合研究所調査本部主席研究員などを歴任。2005年から信州大学で、2017年から法政大学で教鞭を執る。また、行動経済学会評議員、日本FP協会評議員も兼任する。
著書には、『ディープインパクト不況』（講談社＋α新書）、『2050年 世界経済の未来史：経済、産業、技術、構造の変化を読む！』（徳間書店）、『MMT（現代貨幣理論）の教科書』（ビジネス教育出版社）、『仮想通貨で銀行が消える日 』（祥伝社新書）などがある。

9つの悪魔《ここのあくま》に支配《しはい》された
韓国経済《かんこくけいざい》の悲劇《ひげき》

2020年8月3日　第1刷発行

著　者　　真壁昭夫
装　幀　　川島 進
カバー写真　乾 晋也、ゲッティイメージズ
発行人　　高橋 勉
発行所　　株式会社白秋社
〒105-0072
東京都千代田区飯田橋4-4-8 朝日ビル5階
電話　03-5357-1701
発行元　　株式会社星雲社（共同出版社・流通責任出版社）
〒112-0005
東京都文京区水道1-3-30
電話　03-3868-3275／FAX　03-3868-6588
本文組版　朝日メディアインターナショナル株式会社
印刷・製本　株式会社新藤慶昌堂

ISBN 978-4-434-27585-2